Jesús Yusta Sainz

La ideología de género

Jesús Yusta Sainz

La ideología de género

Deconstrucción de la cultura

CREDO EDICIONES

Imprint
Any brand names and product names mentioned in this book are subject to trademark, brand or patent protection and are trademarks or registered trademarks of their respective holders. The use of brand names, product names, common names, trade names, product descriptions etc. even without a particular marking in this work is in no way to be construed to mean that such names may be regarded as unrestricted in respect of trademark and brand protection legislation and could thus be used by anyone.

Cover image: www.ingimage.com

Publisher:
CREDO EDICIONES
is a trademark of
International Book Market Service Ltd., member of OmniScriptum Publishing Group
17 Meldrum Street, Beau Bassin 71504, Mauritius

Printed at: see last page
ISBN: 978-613-1-27394-0

Table of Contents

Tema1. Ideología de género.

Una reinterpretación de la historia de de la cultura

"La ideología de género es la última rebelión de la creatura contra su condición de creatura.

Con el ateísmo, el hombre moderno pretendió negar la existencia de una instancia exterior que le dice algo sobre la verdad de sí mismo, sobre lo bueno y sobre lo malo.

Con el materialismo, el hombre moderno intentó negar sus propias exigencias y su propia libertad, que nacen de su condición espiritual.

Ahora, con la ideología de género el hombre moderno pretende librarse incluso de las exigencias de su propio cuerpo: se considera un ser autónomo que se construye a sí mismo; una pura voluntad que se autocrea y se convierte en un dios para sí mismo"

0. Introducción

O.1 Clarificación conceptual.

En un primer momento vamos a intentar clarificar algunos conceptos antes de entrar propiamente en el tema. En este contexto conviene distinguir tres aspectos, entrelazados entre sí, que forman la identidad sexual de la persona.

a. **El sexo biológico,**
b. **El sexo psicológico** y
c. **El sexo sociológico.**

Estos tres aspectos no son comportamientos estancos. En el hombre y en la mujer existe una profunda unidad entre las dimensiones *corporales, psíquicas y espiritual*es. Hay una gran interdependencia entre lo *biológico, lo psicológico y lo cultural.*

Entonces podemos seguir preguntándonos:

a. ¿Qué es el sexo biológico?

La respuesta es muy simple: **la corporeidad de una persona**. El sexo biológico viene determinado por los cromosomas **XX** en la mujer y **XY** en el varón. Estas bases biológicas intervienen profundamente en el organismo, como se ve en las diferencias estructurales y funcionales del cerebro masculino y el femenino.

b. ¿Qué es el sexo psicológico?

Son las vivencias psíquicas como varón o como mujer. Esa conciencia psicológica se suele formar a los dos o tres años y coincide habitualmente con el sexo biológico, aunque haya excepciones a causa de la educación que se haya recibido.

c. ¿Que es el llamado sexo sociológico o civil?

Es la percepción del sexo por el entorno. Esto ha cambiado y cambia en el devenir del tiempo. Esa percepción social es fruto de procesos históricos y culturales: por elemplo, hace unos siglos no se concebía a una mujer como militar.

Junto a estas clarificaciones ya, desde ahora, conviene distinguir entre:

a. **identidad sexual**: El hombre y la mujer sienten, experimentan y razonan de forma distinta, aunque sea difícil establecer lo "típicamente femenino" y lo "típicamente masculino". Es una misma naturaleza humana que se posee de modo distinto Eso significa que la unidad y la igualdad entre el varón y la mujer no anula las diferencias entre ellos.

b. **orientación sexual:** heterosexualidad, homosexualidad y bisexualidad. y
c. **conducta sexual**: es otro asunto, muy ligado a lo anterior, pero no determinado, ya que **no** todas las conductas sexuales responden a las propias orientaciones sexuales.

Y está, por último, **el hecho biológico:** sólo la mujer puede ser madre y sólo el varón puede ser padre. Hechas estas aclaracines podemos ahora acercarnos a la así llamada ideología de género.

0.2 Aproximación a la llamada ideología de género?

Es una ideología **(es decir, es un sistema de pensamiento cerrado)**[1] que defiende que las diferencias entre el hombre y la mujer, a pesar de las obvias diferencias anatómicas, no corresponden a una **naturaleza fija,** sino que son unas **construcciones meramente culturales y convencionales**, hechas según los **roles** y estereotipos que cada sociedad asigna a los sexos.

Esta ideología se está difundiendo con gran celeridad porque, desde muchos ámbitos de poder, y desde muchas universidades fundamentalmente norteamericanas se ha intentado dar, desde los años 60, a los **estudios de género,** un rango científico teniendo como plataforma de lanzamiento la **Conferencia Mundial de Naciones Unidas**[2]**.**

---

[1] Cf. alianzajm.org/IMG/pdf/20-preguntas-y-respuestas-sobre-Ideologia-de-genero.pdf. En ciencias sociales, una **ideología** es un conjunto normativo de emociones, ideas y creencias colectivas que son compatibles entre sí y están especialmente referidas a la conducta social humana. Las ideologías describen y postulan modos de actuar sobre la realidad colectiva, ya sea sobre el sistema general de la sociedad o en uno o varios de sus sistemas específicos, como son el económico, social, científico-tecnológico, político, cultural, moral, religioso, medioambiental u otros relacionados al bien común.

Las ideologías suelen constar de dos componentes: una **representación** del sistema, y un **programa de acción**. La representación proporciona un punto de vista propio y particular sobre la realidad vigente, observándola desde una determinada perspectiva compuesta por emociones, percepciones, creencias, ideas y razonamientos, a partir del cual se le analiza y compara con un sistema real o ideal alternativo, finalizando en un conjunto de juicios críticos y de valor[1] que plantean un punto de vista superior a la realidad vigente. El programa de acción tiene como objetivo acercar en lo posible el *sistema real* existente al *sistema ideal* pretendido.

Por su receptividad frente al cambio, hay ideologías que pretenden la conservación del sistema - conservadoras-, su transformación radical y súbita -revolucionarias-, el cambio gradual -reformistas–, o la readopción de un sistema previamente existente -restaurativas-.

Por su origen, alcance y propósito, las ideologías pueden **desarrollarse** gradualmente a través de la observación, el diálogo, el ajuste mutuo y el consenso sobre lo que es considerado socialmente correcto, desviado o dañino, o bien ser **impuestas** (incluso por medio de la violencia) por un grupo dominante especialmente interesado en generar influencia, conducción o control colectivo, sin distinción si éste es un grupo social, una institución, o un movimiento político, social, religioso o cultural o si su propósito se centra en promover el bien común o un interés particular.

El concepto de ideología se diferencia del de cosmovisión (*Weltanschauung*) en que éste se proyecta a una civilización o sociedad entera, en cuyo caso está relacionado con el concepto de **ideología dominante,** cuando esta abarca todos los sistemas específicos de la sociedad y es compartida por una amplia mayoría de la población. Por su naturaleza colectiva, el concepto rara vez se restringe al modo de pensar de un individuo aislado o particular.

[2] Las Naciones Unidas han organizado cuatro conferencias mundiales sobre la mujer, que se celebraron en el

1975: La Comisión de la Condición Jurídica y Social de la Mujer instó a organizar la primera conferencia mundial sobre la mujer en ocasión del Año Internacional de la Mujer. Posteriormente se celebró la Conferencia Mundial del Año Internacional de la Mujer en Ciudad de **México**; participaron en ella representantes de 133 gobiernos, al tiempo que 6.000 representantes de ONG asistían a un foro paralelo, la Tribuna del Año Internacional de la Mujer. En la Conferencia se definió un plan de acción mundial para la consecución de los objetivos del Año Internacional de la Mujer, que incluía un amplio conjunto de directrices para el progreso de las mujeres hasta 1985.
1980: Un total de 145 Estados Miembros se reunieron en **Copenhague** con motivo de la celebración de la Conferencia Mundial del Decenio de las Naciones Unidas para la Mujer. La Conferencia tenía por objetivo examinar los avances realizados hacia el cumplimiento de los objetivos de la primera conferencia mundial, especialmente de los relacionados con el empleo, la salud y la educación. El programa de acción que se aprobó hacía un llamado a favor de adoptar medidas nacionales más firmes para garantizar la apropiación y el control de la propiedad por parte de las mujeres, así como a introducir mejoras en el ámbito de la protección de los derechos de herencia, de custodia de los hijos y de nacionalidad de la mujer.
1985: La Conferencia Mundial para el Examen y la Evaluación de los Logros del Decenio de las Naciones Unidas para la Mujer tuvo lugar en **Nairobi**. En la conferencia se aprobó un mandato consistente en establecer medidas concretas para superar los obstáculos al logro de los objetivos del Decenio. Participaron en ella 1.900 delegadas/os de 157 Estados Miembros. Un foro paralelo de ONG atrajo a cerca de 12.000 participantes. Los gobiernos adoptaron las Estrategias de Nairobi orientadas hacia el futuro para el adelanto de mujer, que esbozaban las medidas que deberían adoptarse para lograr la igualdad de género a nivel nacional y promover la participación de las mujeres en las iniciativas de paz y desarrollo.
1995 La Cuarta Conferencia Mundial sobre la Mujer, celebrada en **Beijing** en 1995, marcó un importante punto de inflexión para la agenda mundial de igualdad de género. La Declaración y Plataforma de Acción de Beijing, adoptada de forma unánime por 189 países, constituye un programa en favor del empoderamiento de la mujer y en su elaboración se tuvo en cuenta el documento clave de política mundial sobre igualdad de género. La Declaración y Plataforma de Acción de Beijing establece una serie de objetivos estratégicos y medidas para el progreso de las mujeres y el logro de la igualdad de género en 12 esferas cruciales:

- La mujer y la pobreza
- Educación y capacitación de la mujer
- La mujer y la salud
- La violencia contra la mujer
- La mujer y los conflictos armados
- La mujer y la economía
- La mujer en el ejercicio del poder y la adopción de decisiones
- Mecanismos institucionales para el adelanto de la mujer
- Los derechos humanos de la mujer
- La mujer y los medios de difusión
- La mujer y el medio ambiente
- La niña

La conferencia de Beijing se basó en los acuerdos políticos alcanzados en las tres conferencias mundiales sobre la mujer celebradas anteriormente y consolidó cinco decenios de avances jurídicos dirigidos a garantizar la igualdad de las mujeres y los hombres tanto en las leyes como en la práctica. Participaron en las negociaciones más de 6.000 delegadas/os gubernamentales y más de 4.000 representantes acreditadas/os de organizaciones no gubernamentales. Un foro de ONG celebrado en Huairou de forma paralela atrajo a cerca de 30.000 participantes.
2000: La Asamblea General adoptó la decisión de celebrar su 23° periodo extraordinario de sesiones para llevar a cabo un examen y una evaluación quinquenales de la aplicación de la Plataforma de Acción de Beijing, así como de estudiar posibles medidas e iniciativas futuras. La evaluación, a la que se dio el nombre de "La mujer en el año 2000: igualdad entre los géneros, desarrollo y paz para el siglo XXI", tuvo lugar en Nueva York y de ella resultaron una declaración política y nuevas medidas e iniciativas para la aplicación de la Declaración y la Plataforma de Acción de Beijing.
2005: En el marco del 49° periodo de sesiones de la Comisión de la Condición Jurídica y Social de la Mujer se llevó a cabo un examen y una evaluación decenales de la Plataforma de Acción de Beijing. Los delegados aprobaron una declaración que subraya que la aplicación plena y eficaz de la Declaración y Plataforma de Acción de Beijing es esencial para la consecución de los objetivos de desarrollo internacionalmente convenidos, incluidos los contenidos en la Declaración del Milenio.
2010: El examen al cabo de quince años de la Plataforma de Acción de Beijing se realizó durante el 54° periodo de sesiones de la Comisión, celebrado en 2010. Los Estados Miembros aprobaron una declaración en la que se acogía con beneplácito los progresos realizados con el fin de lograr la igualdad de género, y se comprometían a adoptar nuevas medidas para garantizar la aplicación integral y acelerada de la Declaración y Plataforma de Acción de Beijing.
2015: A mediados de 2013, el Consejo Económico y Social de las Naciones Unidas pidió a la Comisión de la Condición Jurídica y Social de la Mujer examinar y evaluar la aplicación de la Plataforma de Acción en 2015, en una sesión conocida como Beijing +20. Para informar las deliberaciones, el Consejo exhortó también a los Estados Miembros de la ONU a

Actualmente sta ideología está presente en todas las Agencias de las Naciones Unidas desde los años 90: en concreto, en el **Fondo para la Población, UNICEF, UNESCO y OMS** que han elaborado muchos documentos con categorías propias de esta ideología.

Desde las Naciones Unidas pasó a la Unión Europea, donde se difunde por medio de los medios de comunicación y en colegios, en concreto, por medio de actividades lúdicas: fiestas, celebraciones, etc., en las que se intenta que todos participen.

Importante en este contexto señalar la **manipulación del lenguaje**. Para la ideología de género el término **sexo** hace referencia a la naturaleza, e implica dos posibilidades –varón, mujer-, que son las únicas posibilidades derivadas de la dicotomía sexual biológica... ...mientras que el término **género** procede de la lingüística y permite tres variaciones: masculino, femenino, neutro, y mucha más imaginación. Clarificador lo que dice una de las ideólogas de esta corriente, ***Judith Butler:***

> "El género es una construcción cultural; por consiguiente, no es el resultado causal del sexo, ni tan aparentemente fijo como el sexo... Al teorizar que el género es una construcción radicalmente independiente del sexo, el género mismo viene a ser un artificio libre de ataduras. En consecuencia varón y masculino podrían significar tanto un cuerpo femenino como uno masculino; mujer y femenino, tanto un cuerpo masculino como uno femenino"[3].

Eh este contexto no deja de llamar la atencuón que en esta corriente nunca se utilicen los términos de hombre- mujer ya que para esta ideología el gran enemigo es esa diferencia. Para la ideología de género no existen sexos; sólo **roles**[4]**, o**rientaciones sexuales mudantes, que se pueden cambiar, en la vida, todas las veces que se quiera.

Según esto, **no existe una naturaleza humana**, que haga a unos seres humanos varones y a otros seres, hembras.

Según los defensores de la ideología a

> "cada niño se asigna a una u otra categoría en base a la forma y tamaño de sus órganos genitales. Una vez hecha esta asignación nos convertimos en lo que la cultura piensa que cada uno es -femenino o masculino-.Aunque muchos crean que el hombre y la mujer son una expresión natural de un plano genético. Segú

llevar a cabo exhaustivas evaluaciones nacionales, y alentó a las comisiones regionales a llevar a cabo examenes regionales.

[3] J. BUTLER. *Gender Trouble: feminism and the Subversion of Identitiy (Routlege, New York 1990, pág. 6*

[4] Rol: papel que uno representa en la escena. El rol no es la identidad, el rol se interpreta.

esto, el género es producto de la cultura y del pensamiento humano, una construcción social que crea la verdadera naturaleza de todo individuo"[5].

Partiendo de ese presupuesto, emprenden un proceso **de-construcción** (témino muy propio de elllos)[6], que consiste en mostrar cómo se ha construido un concepto

---

[5] LUCY GILBER - PAULA *Wesbster, TheDanger of Feminity. Gender diferences: Sociology o Biology?*

[6] Hay que comprender este término, "deconstrucción", no en el sentido de disolver o de destruir, sino en el de analizar las estructuras sedimentadas que forman el elemento discursivo, la discursividad filosófica en la que pensamos. Este analizar pasa por la lengua, por la cultura occidental, por el conjunto de lo que define nuestra pertenencia a esta historia de la filosofía.

La palabra "deconstrucción" existía ya en francés, pero su uso era muy raro. A mí me sirvió en primer lugar para traducir un par de palabras: la primera que viene de Heidegger, quien hablaba de "destrucción", la segunda que viene de Freud, quien hablaba de "disociación". Pero muy pronto, naturalmente, intenté señalar de qué modo, bajo la misma palabra, aquello que llamé deconstrucción no se trataba simplemente de algo heideggeriano ni freudiano. He consagrado no obstante bastantes de mis trabajos para marcar una cierta deuda tanto con Freud como con Heidegger, y al mismo tiempo una cierta reflexión sobre aquello que llamé deconstrucción.

Es por esto que soy incapaz de explicar lo que es la deconstrucción, para mí, sin recontextualizar las cosas. Fue en el momento en que el estructuralismo era dominante cuando yo me comprometí en mis tareas, y con esa palabra. La deconstrucción se trataba también de una toma de posición con respecto del estructuralismo. Por otro lado, fue en el momento en que las ciencias del lenguaje, la referencia a la lingüística y el "todo es lenguaje" eran dominantes.

Es aquí, hablo de los años 60, que la deconstrucción comenzó a constituirse como... no diría antiestructuralista, sino, en todo caso, desmarcada con respecto del estructuralismo, y protestando contra dicha autoridad del lenguaje.

Es por esto que siempre me he sorprendido y a la vez irritado ante la asimiliación tan frecuente de la deconstrucción a —¿cómo decirlo?— un "omnilingüistismo", a un "panlingüistismo", un "pantextualismo". La deconstrucción comienza por lo contrario. Yo comencé protestando contra la autoridad de la linguística y del lenguaje y del logocentrismo. Siendo que para mí todo comenzó, y ha continuado, por una protesta contra la referencia lingüística, contra la autoridad del lenguaje, contra el "logocentrismo" —palabra que he repetido y recalcado—, ¿cómo puede ser que se acuse tan a menudo a la deconstrucción de ser un pensamiento para el que sólo hay lenguaje, texto, en un sentido estrecho, y no realidad? Es un contrasentido incorregible, aparentemente.

Yo no he renunciado a la palabra "deconstrucción", porque implica la necesidad de la memoria, de la reconexión, del recuerdo de la historia de la filosofía en la que nosotros nos ubicamos, sin no obstante pensar en salir de dicha historia. Por otro lado, lleve a cabo ya muy temprano la distinción entre la clausura y el fin. Se trata de marcar la clausura de la historia, no de la metafísica globalmente — nunca he creído que haya una metafísica; esto también, es un prejuicio corriente. La idea de que haya una metafísica es un prejuicio metafísico. Hay una historia y unas rupturas en esta metafísica. Hablar de su clausura no conduce a decir que la metafísica haya terminado.

Así entonces, la deconstrucción, la experiencia deconstructiva, se coloca entre la clausura y el fin, se coloca en la reafirmación de lo filosófico, pero como apertura de una cuestión sobre la filosofía misma. Desde este punto de vista, la deconstrucción no es simplemente una filosofía, ni un conjunto de tesis, ni siquiera la pregunta sobre el Ser, en el sentido heideggeriano. De cierta manera, no es nada. No puede ser una disciplina o un método. A menudo se la presenta como un método, o se la transforma en un método, con un conjunto de reglas, de procedimientos que se pueden enseñar, etc.

No es una técnica, con sus normas y procedimientos. Desde luego pueden existir regularidades en las formas en que se colocan cierto tipo de cuestiones de estilo deconstructivo. Desde este punto de vista, creo que esto puede dar lugar a una enseñanza, tener efectos de disciplina, etc. Pero en su principio mismo, la deconstrucción no es un método. Yo mismo he intentado interrogarme sobre aquello que puede ser un método, en el sentido griego o cartesiano, en el sentido hegeliano. Pero la deconstrucción no es una metodología, es decir, la aplicación de reglas.

Si yo quisiera dar una descripción económica, elíptica, de la deconstrucción, diría que es un pensamiento del origen y de los límites de la pregunta "¿qué es...?", la pregunta que domina toda la historia de la filosofía. Cada vez que se intenta pensar la posibilidad del "¿qué es...?", plantear una pregunta sobre esta forma de pregunta, o de interrogarse sobre la necesidad de este lenguaje en una cierta lengua, una cierta tradición, etc., lo que se hace en ese momento sólo se presta hasta un cierto punto a la cuestión "¿qué es?"

Y esto es la diferencia de la deconstrucción. Ésta es, en efecto, una interrogación sobre todo lo que es más que una interrogación. Es por ello que vacilo todo el tiempo en servirme de esta palabra. Lleva consigo sobre todo aquello que la pregunta "¿qué es?" ha dirigido al interior de la historia de Occidente y de la filosofía occidental, es decir, prácticamente todo, desde Platón hasta Heidegger. Desde este punto de vista, en efecto, uno ya no tiene absolutamente el derecho a exigirle responder a la pregunta "¿qué eres?" o "¿qué es eso?" bajo una forma corriente.

cualquiera a partir de procesos históricos y acumulaciones metafóricas, e intentan mostrar que lo claro y evidente, por ejemplo, que existen hombres y mujeres, dista de serlo.

El **objerivo** que esta ideología pretente parece claro: la búsqueda de la **"liberación total" del hombre en todos los órdenes.** Tras la de-construcción del *lenguaje,* de las *relaciones familiares*, de la *reproducción*, de la *sexualidad,* de la *educación,* de la religión, de la *cultura*, etc. Cuando el hombre se libere de todo eso -dicen- será libre.

Antes de continuar conviene hacer una distinción entre **ideología de género** y **feminismo**. No pueden identificarse. Para entender la ideología de género hay que prepararse para dar un salto mental. No hay que confundir esta ideología con el lenguaje que utiliza, tomado del feminismo radical. Los ideólogos de género no son feministas: sólo utilizan su lenguaje.

0.3 Terminología[7]

Para lograr el objetivo ser sirven de un lenguaje cuuyos términos estan dotados de un significado muy específico, que a veces se entiende mal, porque se leen esos términos en clave feminista, cuando la ideología de género es algo muy diverso del feminismo.

(JACQUES DERRIDA en el curso de una entrevista inédita del 30 de junio de 1992,)

[7] Otros términos .

En diversos países, y también en España, se ha promovido, o se está promoviendo, una corriente de pensamiento, apoyada por disposiciones legales, tendente, por un lado, a defender el transexualismo, y por otro, a promover -no solo el respeto a los transexuales, cosa que compartimos plenamente- sino también a la difusión de la transexualidad, como una parte importante de la ideología de género. El Dr. Justo Aznar nos aclara la terminología de este debate:

Sexo y sexual. Se refiere a los indicadores biológicos de hombre y mujer, especialmente en el contexto de la capacidad reproductiva, incluyendo aspectos biológicos como son cromosomas sexuales, gónadas, hormonas sexuales y trastornos genitales.

Trastornos del sexo. Hace referencia a alteraciones del desarrollo prenatal del sexo que implican anomalías del tracto reproductivo, desde la normalidad a discrepancias objetivas de los indicadores biológicos de hombre y mujer.

Acciones médicas relacionadas con la transexualidad. Son las encaminadas a modificar el sexo biológico asignado en el nacimiento.

Género. Se utiliza para identificar el rol de un individuo como chico o chica u hombre o mujer. Contribuyen a su desarrollo tanto los factores biológicos que se perciben, como las interacciones con el ambiente, tanto sociales como psicológicas.

Asignación de género. Se refiere a la asignación que corresponde a cada individuo como hombre o mujer. Si se aplica en relación al sexo asignado al nacimiento.

Género atípico. Se refiere a la manifestación somática o conductas que no corresponden al género asignado al nacimiento de un individuo.

Reasignación de género. Hace referencia a un cambio oficial, usualmente legal, con respecto al asignado al nacimiento.

Identidad de género. Hace referencia a la identidad y categoría social de un individuo, como hombre o mujer y también ocasionalmente a una categoría distinta de hombre y mujer.

Disforia de género. Se refiere al trastorno psicológico que puede darse en un individuo por la disconformidad entre el género que uno desea y aquel que le es asignado al nacer.

Transgénero. Hace referencia a un amplio espectro de individuos que, transitoria o permanentemente, se identifican con un género diferente al que se le asigna al nacer.

A. Hegemonía o hegemónico: La ideología de género afirma que se han dado en el pasado ideas y conceptos aceptados universalmente como naturales –varón, mujer- pero que en realidad son sólo construcciones sociales, culturales "para mantener la hegemonía el dominio masculino".Es decir, de hecho no hay hombres ni mujeres.

B. De-construcción: Es la tarea de denunciar las ideas y el lenguaje hegemónico. **C. Patriarcado, Patriarcal:** Para los ideólogos de género es la institucionalización del control masculino sobre la mujer, los hijos y la sociedad, que perpetúa la posición subordinada de la mujer. Pero al afirmar esto los ideólogos de género no intentan la promoción ni equiparación de la mujer con el hombre (como las feministas), sino que buscan la completa supresión de cualquier distinción entre la mujer y el hombre.

D. Sexualmente polimorfo: La ideología de género parte de un principio inamovible: los hombres y las mujeres no sienten atracción por personas del sexo opuesto por naturaleza. Dicen que eso es fruto sólo de un condicionamiento cultural de la sociedad. El deseo sexual –afirman- se puede dirigir a cualquiera. Como siempre, no lo demuestran. Es un simple a priori, un punto de partida que hay que aceptar y ya está. Los ideologos de género afirman que es así, y punto.

E. Heterosexualidad obligatoria: Estos ideólogos afirman que "se fuerza" a las personas a pensar que el mundo está dividido en dos sexos que se atraen sexualmente uno al otro.

F. Preferencia u orientación sexual: Esta ideología afirma que existen diversas formas de sexualidad, que son equivalentes y son tan validas como la heterosexualidad. Por eso hablan de "**preferencias**".

G. Homofobia: Es el temor a relaciones con personas del mismo sexo. Suele entenderse este concepto en otro sentido, como rechazo a los homozexuales, pero este es el sentido propio que tiene este término dentro de esta ideología.

H. Lo natural: Lo natural es un concepto que, para esta ideología, hay que superar.

No hay nada "natural", afirman. ***Shulamith Firestone*** decía: "Lo natural no es necesariamente un valor humano. La humanidad ha comenzado a sobrepasar a la naturaleza; ya no podemos justificar la continuación de un sistema discriminatorio de clases por sexos sobre la base de sus orígenes en la Naturaleza. De hecho, por la sola razón de pragmatismo empieza a parecer que debemos deshacernos de ella".

I. Rol:Es un término tomado del ámbito teatral, que indica que una persona, vestida especialmente y maquillada, representa un papel de acuerdo a un libreto escrito. El uso del término rol o de la frase roles desempeñados indica que hay algo artificial que se impone a la persona.

Para la ideología de género la maternidad sólo es un rol. Una mujer, cuando tiene un hijo, representa el papel de madre; no se es una madre.[8]

---

[8] Vocabulario de **C. Amorós**

"Es sabido que quien tiene el poder es quien da nombres a las cosas (y a las personas)".

Celia Amorós. 10 palabras clave sobre Mujer

Acción Positiva

Concepto que surge en Estados Unidos en la década de los 60 como parte de las estrategias puestas en marcha por los gobiernos para luchar contra las desigualdades, fundamentalmente de carácter laboral, que sufren distintos colectivos por razón de su sexo, raza, origen, religión, etc. El Comité para la Igualdad entre mujeres y hombres del Consejo de Europa define este concepto como las "estrategias destinadas a establecer la igualdad de oportunidades por medio de medidas que permitan contrastar o corregir aquellas discriminaciones que son el resultado de prácticas o sistemas sociales".

Desde la perspectiva de Alfonso Ruiz Miguel, la discriminación positiva a la que llama discriminación inversa "es una forma de diferenciación para la igualdad". Opta por la palabra inversa en la medida, dice, que ésta alude "a la inversión de una discriminación precedente, mediante una discriminación de signo opuesto". Distingue además entre discriminación inversa o positiva respecto de acción positiva o afirmativa; señalando que éstas últimas "son medidas menos drásticas y radicales que aquellas que tienen un carácter discriminatorio y no simplemente desigualitario y que además se producen en una situación de especial escasez lo que implica perjuicios a otras personas. (...)."*(Palabras para la Igualdad. Biblioteca Básica Vecinal)*

Acoso Sexual

Comprende todo comportamiento sexual verbal o físico, no deseado por la persona acosada, llevado a cabo en distintos espacios de la vida cotidiana, aprovechándose de una situación de superioridad o compañerismo y que repercute en las condiciones del entorno haciéndolas hostiles, intimidatorias y humillantes. El acoso sexual es una expresión más de las relaciones de poder que ejercen los hombres sobre las mujeres. *(Palabras para la Igualdad. Biblioteca Básica Vecinal)*

Agente para la Igualdad de Oportunidades para las mujeres

Impulsada por la Unión Europea en la década de los ochenta, se trata de una figura ocupacional que se ha consolidado en esta década en los distintos países que conforman la Unión. Dicha figura está reconocida en España en la Clasificación Nacional de Ocupaciones (CNO). Sus competencias profesionales se refieren, básicamente, al "diseño, gestión y evaluación de programas de acción positiva referidos a la igualdad de oportunidades para la mujer en los terrenos de la educación, formación profesional, empleo y en general todas las formas de participación ciudadana'' (CNO, 94; cod. 2939). *(Palabras para la Igualdad. Biblioteca Básica Vecinal)*

Androcentrismo

Visión del mundo y de las cosas, desde el punto de vista teórico y del conocimiento, en la que los hombres son el centro y la medida de todas ellas, ocultando y haciendo invisible todo lo demás, entre ellas las aportaciones y contribuiciones de las mujeres a la sociedad. Una visión androcéntrica presupone que la experiencia masculina sería "la universal", la principal, la referencia o representación de la humanidad, obviando la experienca femenina. *(Palabras para la Igualdad. Biblioteca Básica Vecinal)*

Autoridad Femenina

Concepto elaborado desde el feminismo de la diferencia sexual que apuesta por la constitución de una autoridad femenina construida de forma diferente (de otro modo) a la masculina (a la autoridad tradicional), que se opone y cuestiona las jerarquias y el poder. La palabra es el instrumento básico a partir del cual se articula y vertebra esa "otra autoridad'' que a su vez es una figura de intercambio (nadie es en si la autoridad): la autoridad fluye mediante la palabra. Lia Cigarini señala que: "(...) la autoridad femenina no replica a la autoridad tradicional (...), porque la diferencia femenina no se mide con la masculina (...) Nuestra búsqueda de autoridad es un ataque directo al sistema de poder masculino (...) La práctica que crea autoridad simbólica de mujeres debe crear también una realidad social o no existe. (...) Y dar los instrumentos para la crítica del sistema de poder. O no existe". *(Palabras para la Igualdad. Biblioteca Básica Vecinal)*

Ciudadanía

Es el conjunto de derechos que tienen las personas como sujetos y los deberes que de ellos se derivan. Ese "conjunto de derechos", ha ido transformándose y evolucionando paralelamente al desarrollo de la sociedad, fundamentalmente, a lo largo de los últimos tres siglos. En este sentido, Marshall distingue tres etapas: una "ciudadanía civil" en el siglo XVIII, vinculada a la libertad y los derechos de propiedad; una "ciudadanía política" propia del XIX, ligada al derecho al voto y al derecho a la organización social y política y, por último, en esta última mitad de siglo, una "ciudadanía social", relacionada con los sistemas educativos y el Estado del Bienestar.

Desde esta perspectiva, el debate de la ciudadanía está estrechamente unido a las relaciones de poder o de dominación de los hombres sobre las mujeres negándoles el ejercicio de la misma. H voto, la propiedad, la libertad para organizarse, son derechos a los que las mujeres han accedido más tardfamen-te que los hombres, encontrándose relegadas en la actualidad a una ciudadanfa de segun-da: nutridos grupos de mujeres constituyen las bolsas de pobreza más severas, soportan mayor grado de violencia, reciben los salarios más bajos y cuentan, en definitiva, con muchos menos recursos que los hombres. Como señala Marshall, ser ciudadana/o de pleno derecho hoy implica "desde el derecho a un mínimo bienestar y seguridad económica hasta el compartir al máximo el patrimonio social y a vivir la vida de acuerdo con los estándares imperantes en la sociedad". *(Palabras para la Igualdad. Biblioteca Básica Vecinal)*

Coeducación
Método de intervención educativo que va más allá de la educación mixta y cuyas bases se asientan en el reconocimiento de las potencialidades e individualidades de niñas y niños, independientemente de su sexo. La coeducación es, por tanto, educar desde la igualdad de valores de las personas. La Ley General de Ordenación del Sistema Educativo (LOGSE) establece como normativo el principio de no discriminación por razón de sexo y como principio educativo la formación en igualdad entre los sexos y el rechazo de toda forma de discriminación. *(Palabras para la Igualdad. Biblioteca Básica Vecinal)*
Cuota de Participación
Reserva de una determinada cantidad o espacio de participación con el objetivo de que diferentes colectivos puedan compartir actividades sociales, políticas y económicas.
Acción Positiva que implica el establecimiento de determinados porcentajes de presencia de las mujeres con respecto a los hombres con el fin de paliar la escasa comparecencia de las mismas en alguna actividad concreta. *(Palabras para la Igualdad. Biblioteca Básica Vecinal)*
Democracia Paritaria
Forma de organización social y política en la que existe igualdad de número y derechos de los distintos colectivos que componen la sociedad y que deben formar parte de los órganos decisorios y de gobierno.
Históricamente las mujeres han sido apartadas de la participación social y política ya que no se las ha considerado ciudadanas de pleno derecho. En la actualidad, la mayoría de las democracias adolecen de una escasa presencia de mujeres en los poderes y órganos del Estado, por lo que dicha equiparación es considerada por determinados colectivos de mujeres un principio fundamental para la consecución de la igualdad entre mujeres y hombres. *(Palabras para la Igualdad. Biblioteca Básica Vecinal)*
Derechos Reproductivos
El concepto de salud es mucho más amplio que la simple ausencia de enfermedad. En consecuencia, la salud reproductiva implica la capacidad de disfrutar de una vida sexual satisfactoria y sin riesgos, de disfrutar de la capacidad de reproducirse y de la libertad de decidir cómo, cuando y cuántas hijas e hijos se desean tener. De esta manera, se entiende por derechos reproductivos aquellos que tienen las mujeres y loshombres para poder obtener información y libre acceso a los métodos anticonceptivos, derecho a recibir seguimiento adecuado las mujeres durante sus embarazos y a la atención personalizada durante y después del parto. *(Palabras para la Igualdad. Biblioteca Básica Vecinal)*
Diferencia
Variedad, diversidad de actitudes y comportamientos. El concepto de la diferencia entre los sexos es la base del feminismo que reivindica la valorización de cualidades atribuidas a las mujeres frente a valores supuestamente masculinos que han dado lugar a sociedades agresivas y plenas de desigualdad.
La teoría de la diferencia expresa su temor de que la mera igualdad política y laboral nos haga imitar los valores exaltados por la sociedad patriarcal y, por otro lado, considera que el igualitarismo no hace justícia a las mujeres, ya que los hombres y las mujeres son diferentes. *(Palabras para la Igualdad. Biblioteca Básica Vecinal)*
Discriminación positiva
Medidas dirigidas a un grupo determinado, con las que se pretende suprimir y prevenir una discriminación o compensar las desventajas resultantes de actitudes, comportamientos y estructuras existentes, denominadas a veces "Discriminación Positiva".*(Guía Europa perspectiva de género. Carrefour Europeo)*
Doble Jornada
Condición a la que se ven sometidas las mujeres que desempeñan un trabajo remunerado en horario laboral y que además deben desarrollar todas las tareas que implica el trabajo reproductivo y que no es compartido por sus compañeros. *(Palabras para la Igualdad. Biblioteca Básica Vecinal)*
Empoderamiento de las mujeres - Empowerment
Término acuñado en la Conferencia Mundial de las Mujeres en Beijing (Pekin) para referirse al aumento de la participación de las mujeres en los procesos de toma de decisiones y acceso al poder. Actualmente esta expresión conlleva también otra dimensión: la toma de conciencia del poder que individual y colectivamente ostentan las mujeres y que tiene que ver con la recuperación de la propia dignidad de las mujeres como personas.*(Palabras para la Igualdad. Biblioteca Básica Vecinal)*
Espacio doméstico
Se identifica con el ámbito reproductivo, con el espacio de la "inactividad" donde tiene lugar la crianza, los afectos y el cuidado de las personas dependientes, es decir, donde se cubren las necesidades personales. En este espacio es donde se ha colocado tradicionalmente a las mujeres. *(Palabras para la Igualdad. Biblioteca Básica Vecinal)*
Espacio privado
Es el espacio y el tiempo propio que no se dona a otras personas, que se procura para si mismas, alejadas del espacio doméstico o del público; es ese espacio en el que las personas se cultivan para proyectarse luego en el ámbito público.
Como señala Soledad Murillo: "Es el lugar del tiempo singular, de lo propio, la condición de estar consigo mismo de manera crítica y reflexiva, es el culto a la individualidad y responde a la cualidad de ocuparse de sí mismo". Esta autora ha puesto de mani-fiesto cómo la privacidad es una parcela de la que disfrutan principalmente los hombres y que en el caso de las mujeres tiende a con-fundirse con lo doméstico, hurtándoles ese espacio para sí. *(Palabras para la Igualdad. Biblioteca Básica Vecinal)*
Espacio público

Se identifica con el ámbito productivo, con el espacio de la actividad, donde tiene lugar la vida laboral, social, política, económica; es el lugar de participación en la sociedad y del reconocimiento. En este espacio es donde se han colocado los hombres tradicionalmente.*(Palabras para la Igualdad. Biblioteca Básica Vecinal)*

Feminismo

Corriente de pensamiento en permanente evolución por la defensa de la igualdad de derechos y oportunidades entre ambos sexos. Constituye una forma diferente de entender el mundo, las relaciones de poder, las estructuras sociales y las relaciones entre los sexos.

Esta nueva manera de observar la realidad, desde la perspectiva de las mujeres, es el motor que está produciendo más cambios en el presente siglo, en el sistema y los valores sociales, consiguiendo que las instituciones modifiquen sus politicas sociales y económi-cas. **Simone de Beauvoir** habla del feminismo como un modo de vivir individualmente y de luchar colectivamente. Actualmente el feminismo se divide en dos grandes corrientes: feminismo de la igualdad y feminismo de la diferencia.

El feminismo de la diferencia apuesta por el sentido, el significado que se le da al hecho de ser mujer, por el reconocimiento de los valores que tradicionalmente se han considerado como femeninos dándoles autoridad y poder social, al margen de las estructuras patriarcales.

El feminismo de la igualdad aspira a una sociedad en la que se produzca la integración de las individualidades una vez superados los estereotipos del sistema sexo-género. Defiende que mujeres y hombres tienen los mismos derechos y, de esta manera, pueden participar en igualdad en todas las estructuras so-ciales. La igualdad no pretende homogeneizar sino reconocer la diversidad de mujeres y hombres. Mitos, estereotipos y descalificaciones han rodeado siempre a esta corriente de pensamiento. *(Palabras para la Igualdad. Biblioteca Básica Vecinal)*

Feminización de la pobreza

Fenómeno que da nombre a una situación generalizada en la mayoría de los países y que visibiliza a las mujeres como colectivo que constituye la mayoría de la población pobre del Planeta. La pobreza y las políticas de ajuste de los países impactan de manera directa en la participación de las mujeres en el mercado laboral y en su acceso a los recursos económicos y sociales que ofrece el Estado de bienestar, promoviendo leyes y prácticas administrativas que limitan el acceso de las mujeres a los recursos económicos. Así pues, las personas que habitan el Cuarto Mundo (bolsas de pobreza en los países desarrollados) y los lugares de explusión social son prioritariamente mujeres. *(Palabras para la Igualdad. Biblioteca Básica Vecinal)*

Género

Las investigaciones feministas de los años 70 muestran que el concepto de sexo no es válido para explicar las diferencias de actividades entre hombres y mujeres en las distintas culturas a lo largo de la historia. Se elabora e introduce entonces el concepto de género como categoría de análisis que permite diferenciar y separar lo biológico, atribuido al sexo, de lo cultural, determinado por el género.

Gerda Lerner señala que el género "es la definición cultural de la conducta considera apropiada a los sexos en una sociedad y en un momento determinados". Carole Pateman afirma que: "La posición de la mujer no está dictada por la naturaleza, por la biología o por el sexo, sino que es una cuestión que depende de un artificio político y social". Alicia Puleo sostiene que el género "es el carácter construido culturalmente, de lo que cada sociedad considera masculino o femenino". Joan W. Scott subraya que: "El género se concreta en las diversas prácticas que contribuyen a estructurar y dar forma a la experiencia. El género es una construcción discursiva y cultural de los sexos biológicos".

En definitiva, el género y, en consecuencia, las relaciones de género son "construcciones sociales" que varían de unas sociedades a otras y de unos tiempos a otros, y por lo tan-to, como tales, susceptibles de modificación, de reinterpretación y de reconstrucción. (Palabras para la Igualdad. Biblioteca Básica Vecinal)

Análisis por género

Estudio de las diferencias de condiciones, necesidades, índices de participación, acceso a los recursos y desarrollo, control de activos, poder de toma de decisiones, etc. Entre hombres y mujeres debidas a los roles que tradicionalmente se les han asignado.*(Guía Europa perspectiva de género. Carrefour Europeo)*

Perspectiva de género

Tomar en consideración y prestar atención a las diferencias entre mujeres y hombres en cualquier actividad o ámbito dados en una política. *(Guía Europa perspectiva de género. Carrefour Europeo)*

Evaluación del impacto en función del género

Examen de las propuestas políticas para analizar si afectarán a las mujeres de forma diferente que a los hombres, al objeto de adaptarlas para neutralizar los efectos discriminatorios y fomentar la igualdad entre hombres y mujeres.*(Guía Europa perspectiva de género. Carrefour Europeo)*

Indicadores de género

Variables de análisis que describen la situación de las mujeres y hombres en la sociedad. El conocimiento de la realidad social. laboral, formativa, económica desde una perspectiva de género, requiere la utilización de estos indicadores que facilitan la comparación entre la presencia de mujeres y hombres e identifica diferencias que pueden alimentar estereotipos. Su utilizaicón supone una aproximación a la situación o presencia de mujeres y hombres, así como a la incidencia de determinados factores que implican diferencias de comportamientos entre unas y otros. La desagregación de los datos por sexo es un indicador básico que da paso a otros indicadores explicativos de la realidad. *(Palabras para la Igualdad. Biblioteca Básica Vecinal)*

Igualdad

Aspecto relativo a la igualdad en cualquier situación. *(Guía Europa perspectiva de género. Carrefour Europeo)*
Igualdad de derecho
Igualdad formal ante la ley. Equiparación de hombres y mujeres mediante medidas legislativas.
En los países europeos de regímenes democráticos, es después de la primera guerra mundial cuando se restaura el principio de igualdad ante la ley y se reconoce a las muje-res el derecho a la educación, al trabajo retri-buido y al voto.
En España, el principio de igualdad legal no se consagra establemente hasta la constitución de 1978.
Igualdad de género
La igualdad de género se entiende como una relación de equivalencia en el sentido de que las personas tienen el mismo valor, indepen-dientemente de su sexo, y por ello son iguales.
Según Celia Amorós: "La igualdad de género es el concepto normativo regulador de un proyecto feminista de transformación social".
Las dos ¿pocas históricas precedentes que trataron sobre la igualdad fueron la griega y la francesa, aunque ambas lo hacen de forma excluyente con respecto a las mujeres.
La igualdad no excluyente entre sexos se desarrolla en la Ilustración francesa a través de las obras de Condorcet y Olympe de Gouges, aunque ya en 1673 Poulain de la Barre habia publicado De la igualdad de los dos sexos. Sin embargo, la teor/a dominante de esta época, representada por Kant y Rous-sean, consideraba a las mujeres como perte-necientes a la especie humana pero sin esta-tuto pleno de sujetos.
La idea de igualdad ha sido protagonista durante años en la mayoría de las reivindicaciones de mujeres y de los movimientos de mujeres. El principio de igualdad entre hombres y mujeres es uno de los que menos ha evolu-cionado en cuanto a lo que significa el reco-nocimiento de los derechos y libertades fun-damentales. Los derechos humanos se siguen vulnerando y con especial impunidad los de las mujeres. En ningún lugar del mundo el tratamiento de las mujeres se ha equiparado realmente al de los hombres.
Igualdad de hecho
Paridad entre hombres y mujeres real y efecti-va. La sola promulgación de la igualdad legal no basta para cambiar las costumbres y estructuras de la desigualdad. El mecanismo de acción positiva tiene como fin trabajar activa-mente y contrarrestar las desigualdades de partida para que la igualdad de oportunida-des entre hombres y mujeres sea una realidad.
Igualdad de oportunidades entre hombres y mujeres
Fundamentado en el principio de igualdad, se refiere a la necesidad de corregir las desigualdades que existen entre hombres y mujeres en la sociedad. Constituye la garantía de que mujeres y hombres puedan participar en diferentes esferas (económicas, política, participaicón social, de toma de decisiones) y actividades (eduación, formación, empleo) sobre bases de igualdad. *(Palabras para la Igualdad. Biblioteca Básica Vecinal)*
Machismo
Comportamiento de desvalorización hacia las mujeres.
Responde a una forma particular de organizar las relaciones entre los géneros. Se caracteriza por el énfasis en la virilidad, la fuerza y el desinterés respecto a los asuntos domésticos por parte de los varones. La desigual distribución del ejercicio del poder sobre otros u otras conduce a la asimetría en la relación entre ambos.
La posición de género (femenino o masculino) es uno de los ejes cruciales por donde discurren las desigualdades de poder y la familia, uno de los ámbitos en que se manifiesta. Los procesos de socialización de la cultura han legitimado la creencia en la posición superior del hombre: el poder personal y la autoafirmación en posesión de la razón y la fuerza del hombre y la definición de la mujer como inferior a su servicio. *(Palabras para la Igualdad. Biblioteca Básica Vecinal)*
Mainstreaming
Una "política de mainstreaming" significa que se deben tener en cuenta las cuestiones relativas a la igualdad de oportunidades entre hombres y mujeres de forma transversal en todas las políticas y acciones, y no abordar este tema unicamente bajo un enfoque de acciones directas y específicas a favor de la mujer. *(Guía Europa perspectiva de género. Carrefour Europeo)*
Término anglosajón que se utiliza para designar laintegración de las políticas específicas en materia de igualdad de oportunidades en las políticas generales, de tal forma que el principio de igualdad se constituya en el eje vertebrador de las mismas.
Durante los últims años en la UE se ha proclamado el mainstreaming como marco de referencia necesario que tiene que ser incorporado tanto en la acción estructural propia de la UE como en las políticas generales de cada uno de los estados miembros, habiéndose recogido referencias del mainstreaming tanto en las regulaciones generales como por ejemplo en los Reglamentos de los Fondos Estructurales, como en las políticas relativas a la igualdad de oportunidades, IV Programa de Acción Comunitario para la Igualdad de Oportunidades entre Hombres y Mujeres (1996-2000).
VER TRANSVERSALIDAD
Movimiento feminista
"El feminismo es una forma de pensar y una manera de vivir". Simone de Beauvoir.
El movimiento feminista está integrado por mujeres feministas organizadas en torno a diversos colectivos, plataformas, asambleas y asociaciones de mujeres que tienen en común la conciencia de grupo oprimido por la ideología patriarcal. Tiene un carácter social, político, filosófico y reivindicativo que preconiza la igualdad de derechos de mujeres y hombres y la libertad para elegir el modelo de vida que desean seguir, más allá de estereotipos y roles sexistas que asignan a mujeres y hombres comportamientos, deseos y realidades.

A lo largo de la historia siempre han existido mujeres con una clara conciencia de las desigualdades a las que estaban sometidas por el simple hecho de ser mujeres. Pero es en torno al año 1788 cuando empieza a exis-tir un movimiento organizado. En este año aparece "Cuadernos de quejas", escritos por mujeres que quieren cambiar aspectos de la sociedad. En 1791 se publica Los Derechos de la Mujer y de la Ciudadan/a, de Olympia de Gouges en el que se pide la abolición del ma-trimonio y su sustitución por un "contrato social" entre mujeres y hombres y la paridad de derechos. Desde este momento se suceden las reivindicaciones de todo tipo. En 1792 se publica Vindicación de los derechos de la mujer, de **Mary Vollstonecraft**, reivindicando el derecho al trabajo, a la educación, a la emancipación económica, a la paridad de modales.

La "**Declaración de Sentimientos**", de Séneca Falls, firmada por 68 mujeres y 32 hombres, se pronunciaba por la igualdad de derechos sobre la propiedad, de salario en el trabajo, de derecho sobre la custodia de las hijas e hijos, para suscribir contratos y para votar. Lareivindicación de las mujeres por el derecho al voto, principio básico en cualquier socie-dad democrática, abarca desde el siglo XIX hasta bien entrado el siglo XX. Durante este período, miles de mujeres en Europa y América utilizaron su imaginación, su voluntad, sus fuerzas y a veces su vida para conquistar un derecho que ahora se considera funda-mental, el derecho a elegir libremente a las personas que representan sus intereses.

El movimiento feminista actual es heredero de todas estas mujeres y de muchas otras que en todo el mundo luchan, ahora mismo, por una sociedad más justa, para mujeres y hombres. En España, los orígenes se remontan a 1960, en torno a reivindicaciones bien concretas: el derecho al divorcio, la supresión de la pena de adulterio, los centros de planificación familiar, las discriminaciones salariales, etc. Con el lema de "1o personal es político", se forman grupos de reflexión en torno a temas de la vida cotidiana con gran carácter ideológico, las relaciones personales, la sexualidad, igualdad legal, etc. En la actualidad no puede hablarse de un sólo movimiento feminista, sino de la suma de diferentes corrientes y tendencias que abordan desde diversas perspectivas su lucha por una sociedad en equidad. *(Palabras para la Igualdad. Biblioteca Básica Vecinal)*

Normativa en material de igualdad de trato y de oportunidades

Conjunto de normas especlficas y fragmentos de normas, dirigidas a facilitar la elimina-ción de obstáculos para un pleno desarrollo e incorporación social de las mujeres a todos los ámbitos.

Este tipo de normativa existe tanto en el contexto comunitario, cuyo origen lo encon-tramos en el art. 119 del Tratado de Roma (principio de igualdad retributiva) y que se ha desarrollado en diferentes directivas y otros actos normativos, como en los cuerpos legales nacionales. En cada una de las legislaciones nacionales de los Estados miembros de la Unión Europea, el principio de no discriminación por razón de sexo lo encontramos en los textos constitucionales que se han desarrollado en diferentes normas que regulan especificamente aspectos relacionados con la realidad de las mujeres. Por ejemplo, en la legislación laboral existen medidas específicas para el fomento del empleo de las mujeres o la regulación en el ámbito laboral y de la atención sanitaria de la maternidad. *(Palabras para la Igualdad. Biblioteca Básica Vecinal)*

Organismos para la igualdad

Son entidades que promueven políticas de igualdad de oportunidades entre mujeres y hombres. Su finalidad es impulsar y garantizar condiciones que posibiliten la igualdad real de las mujeres en todos sus ámbitos de la sociedad. para lograr una mayor y mejor vertegbración de las actuaciones, existen en España entidades que ponen en marcha y desarrollan estas politicas como el Instituto de la Mujer, los Organismos para la igualdad en cada Comunidad Autónoma y las Concejalías de la Mujer de los Ayuntamientos coordinadas a través del Area de la Mujere de la Federación Española de Municipios y Provincias.

Patriarcado

Literalmente significa "gobierno de los padres" pero las interpretaciones críticas desde el feminismo se refieren a él como un sistema u organización social de dominación masculina sobre las mujeres que ha ido adoptando distintas formas a lo largo de la historia. Alicia Puleo distingue entre patriarcados de coerción "los que estipulan por medio de leyes o normas consuetudinarias sancionadoras con la violencia aquello que está permitido y prohibido a las mujeres" y los patriarcados de consentimiento, donde seda la igualdad formal ante la ley, y que define como " los occidentales contempráneos que incitan a los roles sexuales a través de imágenes atractivas y poderosos mitos vehiculados en gran parte por los medios de comunicación". Desde el feminismo de la diferencia sexual se ha postulado recientemente, sin embargo, que el patriarcado ya ha terminado en tanto que ya no significa nada para las mujeres. El grupo de mujeres de la librería de Milán escribe al respecto lo siguiente: "descubierto y denunciado por éstas, las mujers ya no le dan su crédito; como prueba de ello se puede observar cómo hoy las mujeres deciden sus destinos, sus opciones y determinan sus obligaciones.

Planes de igualdad

Estrategias encaminadas a lograr la participación activa de las mujeres en todos los ámbi-tos de la sociedad mediante la definición de unos objetivos que se concretan en actuacio-nes a corto y medio plazo. Las actuaciones implican a las diferentes entidades de la ad-ministración publica y a los agentes sociales. Dependiendo de su ámbito territorial de actuación existen Planes de Igualdad comu-nitarios, estatales, regionales y locales. Así mismo, en España a nivel estatal se han elaborado hasta la fecha tres Planes de Igualdad siendo el Instituto de la Mujer, organismos-dependiente del Ministerio de Trabajo y Asuntos Sociales, el responsable del impulso y coordinación de los mismos.

Politicas de igualdad de oportunidades

En España, el principio de igualdad se reco-ge en el articulo 14 de la Constitución Espa-ñola de 1978: "Todos los españoles son igua-les ante la ley sin que pueda prevalecer discri-minación alguna por razón de nacimiento, raza o sexo". Sin embargo, las mujeres y hombres han ido construyendo su realidad a partir de nor-mas culturales basadas en el predominio de los hombres sobre las mujeres, predominio de valores, de jerarquías, de significantes. Es-ta sociedad

basada en el "modelo patriarcal", ha ido atribuyendo espacios de actuación di-ferentes en funci6n del sexo de las personas. En esta realidad, la estricta aplicación de la igualdad legal sólo contribuye a seguir pro-duciendo y reproduciendo desigualdades;
tratar por igual las desigualdades sólo ayuda a perpetuarlas y a legalizarlas. Las vivencias de las mujeres, y sus constantes luchas reivindicativas obligan a los po-deres públicos a adoptar medidas que permi-tan tratar de manera más favorable a colecti-vos que todavía soportan diferentes tipos de discriminación. De esta forma se acuña el Principio de Igualdad de Oportunidades.
Igualdad de oportunidades significa garantizar que mujeres y hombres puedan par-ticipar en diferentes esferas (económica, política, participación social, de toma de decisiones...) y actividades (educación, formación, empleo...) sobre bases de igualdad.
Las Políticas de igualdad de oportunida-des son aquellas que incorporan la perspecti-va de género en la planificación, desarrollo y evaluación de las políticas generales en mate-ria de educación, salud, empleo, participación, urbanismo, etc.
(Palabras para la Igualdad. Biblioteca Básica Vecinal)

Principio de no discriminación

Son varias las normas internacionales que proclaman el principio de no discriminación por razón de sexo. La Dedaraci6n Universal de Derechos Humanos, aprobada por la Asamblea General de las Naciones Unidas el 10 de diciembre de 1948, contiene una de-claración genérica de igualdad, sin distinción de sexo. El Convenio europeo para la protec-ción de los derechos humanos y de las libertades fundamentales, de 4 de noviembre de 1950, proclama el principio de igualdad en el goce de los derechos y libertades reconocidas, sin distinción por razón de sexo. El Tratado Constitutivo de la Comunidad Económica Europea, de 25 de marzo de 1957, en su artículo 119 aborda explícitamente "la igual-dad de retribución entre trabajadores masculinos y femeninos para un mismo trabajo".
La Convención sobre eliminación de todas las formas de discriminación contra las mujeres, celebrada en diciembre de 1979 y organizada por Naciones Unidas, define la discriminación contra las mujeres como: "Toda distinción, exclusión o restricción ba-sada en el sexo que tenga por objeto o por re-sultado menoscabar o anular el reconoci-miento, goce o ejercicio por las mujeres, con independencia de su estado civil, sobre la ba-se de la igualdad del hombre y de la mujer, de los derechos humanos y las libertades fun-damentales en las esferas politicas, económi-cas, sociales, cultural y civil o en cualquier otra esfera".
En España, el principio de igualdad se recoge en el articulo 14 de la Constitución Española de 1978.
(Palabras para la Igualdad. Biblioteca Básica Vecinal)

Segregación en el mercado laboral

Se refiere a la concentración de las mujeres en determinadas ocupaciones y/o familias profesionales que, generalmente, se caracterizan por tener condiciones de empleo poco satisfactorias, bajos salarios y pocas oportuni-dades de formación continua y adquisición de cualificaciones añadidas. Son, por tanto, empleos feminizados, fuente de desigualda-des en el mercado laboral, ya que el valor asociado a ellos y su remuneración es menor. La segregación puede ser horizontal, cuando la concentración se produce en de-terminadas ocupaciones/familias profesionales; y vertical, cuando las mujeres se concen-tran en puestos de baja responsabilidad.

Sexismo

Teoría basada en la inferioridad del sexo fe-menino que viene determinada por las diferencias biológicas entre hombres y mujeres. La construcción de un orden simbólico en el que las mujeres son consideradas inferiores a los hombres implica una serie de comporta-mientos y actitudes estereotipados que con-ducen a la subordinación de un sexo con res-pecto al otro. Algunas autoras establecen diferencias entre machismo y sexismo, ya que mientras el machismo es una actitud inconsciente -en el sentido de que cuando a una persona con comportamientos machistas se le explica su actitud puede optar por abandonarlos- el sexismo representa una actitud consciente que propicia la dominación y subordinación del sexo femenino con respecto al masculino.

Síndrome de Adaptación a la Violencia Doméstica

Igual que las personas en períodos prolongados de aislamiento durante un secuestro, - Síndrome de Estocolmo- las mujeres maltratadas sufren una exposición constante al miedo que provoca la agresión física continuada en su espacio íntimo. Los iniciales estados agudos de ansiedad se cronifican pasando a generar cuadros depresivos que se unen a las claves traumáticas del escenario de violencia para producir una configuración en donde la mujer, cada vez más aislada del mundo seguro que conocía junto a su pareja íntima, comienza a perder la noción de una realidad que ya no reconoce. La ruptura del espacio de seguridad en su intimidad, consecuencia de la conversión de su pareja de referente de seguridad y confianza a fuente de agresión y peligro, será el eje de desorientación sobre el que pivotará la incertidumbre acerca de cuándo y porqué se producirá la siguiente paliza. La mujer, ante estas perspectivas, pierde la capacidad de anticipar adecuadamente las consecuencias de su propia conducta y cede, cada vez más, a la presión de un estado de sumisión y entrega que le garantiza unas mínimas probabilidades de no errar en su comportamiento. El agresor mostrará momentos de arrepentimiento que contribuirán aún más a desorientar a la víctima y a incrementar la auto-culpabilización de la mujer. La incapacidad de la víctima para poner en práctica recursos propios u obtener ayuda externa para disminuir el riesgo de agresión impulsará a la mujer a adaptarse, vinculándose paradójicamente a la única fuente que percibe de acción efectiva sobre el entorno: su pareja violenta. Para ello, disociará las experiencias negativas de las positivas y se concentrará en estas últimas, asumiendo la parte de arrepentimiento de su agresor, sus deseos, motivaciones y excusas, y proyectando su propia culpa al exterior de la pareja, protegiendo así su debilitada autoestima y modificando su identidad. Después, cada una de las percepciones e informaciones que reciba la mujer pasarán por el filtro del nuevo modelo mental que ha asumido

0.3 Origen. Aunque volveremos a retomar este tema podemos ya adelantar que si quisiéramos fijar una fecha para el nacimiento oficial de esta teoría tendríamos que remontarnos al 1995, en la **IV Conferencia Mundial de las Naciones Unidas sobre la Mujer**, celebrada en Pekín. En esa Cumbre tuvieron una parte muy activa de los

---

para explicar su situación, complicándose en gran medida las probabilidades de extraer a esa víctima del entorno de violencia. En mujeres con relaciones personales muy limitadas al espacio doméstico, cuyas oportunidades de intercambio en otros ámbitos estén restringidas, la percepción de su espacio vital puede ser bastante similar a la de un cautivo.

El Síndrome de Adaptación a la Violencia Doméstica crea un nuevo modelo para entender la realidad de violencia contra la mujer. El término ha sido acuñado y desarrollado por el psicólogo español Andrés Montero (1999) a partir de una investigación realizada en el seno de la Universidad Autónoma de Madrid.

Techo de Cristal

Es una barrera invisible que se encuentran las mujeres en un momento determinado en su desarrollo profesional, de modo que una vez llegado a este punto muy pocas mujeres franquean dicha barrera, estancando la mayoría su carrera profesional. Las causas de este estancamiento provienen en su mayor parte de los prejuicios empresariales sobre la capacidad de las mujeres para desempeñar puestos de responsabilidad, así como sobre su disponibilidad laboral ligada a la maternidad y a las responsabilidades familiares y domésticas, actividades que suelen coincidir con las fases de itinerario profesional ligadas a la promoción profesional. (Palabras para la Igualdad. Biblioteca Básica Vecinal)

Transversalidad

Integrar la perspectiva de género en el conjunto de políticas . Integrar sistemáticamente las situaciones, prioridades y necesidades respectivas de mujeres y hombres en todas las políticas, con vistas a promover la igualdad entre hombres y mujeres y recurrir a todas las políticas y medidas generales con el fin específico de lograr la igualdad, teniendo en cuenta activa y abiertamente, desde la fase de planificación sus efectos en las situaciones respectivas de unas y otros cuando se apliquen supervisen y evalúen.*(Guía Europa perspectiva de género. Carrefour Europeo)* VER MAINSTREAMING.

Violencia de Género

Las Naciones Unidas reconocen en 1980 cómo la violencia contra las mujeres es el crimen encubierto más frecuente del mundo. La Declaración de las Naciones Unidas sobre la eliminación de la violencia contra las mujeres define esta violencia como "todo acto de violencia basado en la pertenencia al sexo femenino que tenga o pueda tener como resultado un daño o sufrimiento físico, sexual o psicológico para las mujeres, inclusive las amenazas de tales actos, la coacción o la privación arbitraria de libertad, tanto si se produce en la vida pública o privada".

Las agresiones de todo tipo que padecen las mujeres es una manfiestaicón más de las relaciones de desigualdad que existen entre las mujeres y los hombres. La violencia que se fundamenta en la supuesta superioridad de un sexo sobre otro, que afecta a toda la organización social convirtiéndose en uno de los más graves problemas politicos y sociales de la actualidad en nuestro pa/s, sigue for-mando parte de la realidad cotidiana.

Sus manifestaciones son muy variadas: desde las más evidentes, los malos tratos físicos y psíquicos, realizados en el ámbito domestico, a las agresiones sexuales, acoso sexual, violación .... a las más sofisticadas como la pu-blicidad que proyecta imágenes de las mujeres que no se corresponde con la realidad. En la IV Conferencia Mundial sobre las Mujeres celebrada en Beijing (Pek/n) en 1995, se reconoció que la violencia ejercida contra las mujeres es un obstáculo para la igualdad, el desarrollo y la paz de los pue-blos, impidiendo que las mujeres disfruten de sus derechos humanos y libertades fundamentales. El número de mujeres muertas o maltratadas en todo el Planeta a manos de sus maridos o compañeros es tan significativo y generalizado que es necesario un reconocimiento del mismo y ello nos lleva a hablar de violencia de género: violencia doméstica, agresiones sexuales, mutilaciones, etc. *(Palabras para la Igualdad. Biblioteca Básica Vecinal)*

Voto femenino

En 1847 se crea la primera Asociación Política Femenina para luchar por el voto de las mujeres en Sheffiel. En 1848, en el Estado de New York, se aprueba la Declaraci6n de Séneca Falls, uno de los textos fundacionales del sufragismo. En 1897 se forma la Unión Nacional de Sociedades por el Voto de las Mujeres, surgida de la unificación del movi-miento inglés por los derechos de las muje-res; en 1918 obtienen el derecho al voto las inglesas mayores de 30 años y finalmente en 1928 lo obtienen a los 21 años, igual que los varones. En España el movimiento a favor del voto femenino se inicia en Barcelona en 1882, pero no se consigue hasta 1931 con la instauración de la República; con la dictadu-ra del 39 se suprime el sufragio universal pa-ra hombres y mujeres que no se vuelve a res-taurar hasta 1977. *(Palabras para la Igualdad. Biblioteca Básica Vecinal)*

BIBLIOGRAFÍA utilizada:

Palabras para la Igualdad. Biblioteca Básica Vecinal. Mujeres Vecinales. CAVE.

Europa perspectiva de género. Guía metodológica para la integración de una dimensión de igualdad de oportunidades entre hombres y mujeres. Publicada en el proyecto "Carrefour" que nos han hecho llegar las compañeras del Ayuntamiento de Baza. Andalucía.

defensores de esta ideología. Muchos países les apoyaron porque creyeron que se trataba de una lucha a favor de los derechos de la mujer.

En la Cumbre se difundieron entre los delegados unos textos con las definiciones de ***sexualmente polimorfo, homofobia,* etc**. En los que se evitaban las palabras **marido, mujer, esposa, padre,** etc.

Ante las reservas de algunos países ante esta ideología, hubo una reacción airada de **Bella Abzug**, de Estados Unidos, defensora de esta ideología, que explicó el término "**género**": "**El sentido del término género -dijo- ha evolucionado, diferenciándose de la palabra sexo para expresar la realidad de que la situación y los roles de la mujer y del hombre son construcciones sociales sujetas a cambios**".

Para conseguir su objetivo utilizó un discurso **feminista radical**, meramente táctico:

"El concepto de género -dijo- está enclavado en el discurso social, político y legal contemporáneo... los intentos actuales de varios Estados Miembros de borrar el término género en la Plataforma de Acción y reemplazarlo por sexo es una tentativa insultante y degradante de revocar los logros de las mujeres, de intimidarnos y de bloquear el progreso futuro". Entre la perplejidad de los asistentes, los defensores de esta ideología consiguieron que se aceptase el concepto de género, y la Cumbre emitió emitió la siguiente definición:

"El género se refiere a las relaciones entre mujeres y hombres basadas en roles definidos socialmente, que se asignan a uno u otro sexo".

Esto da lugar a una luralidad de géneros (roles) cuyo número depende según los autores. Algunos autores de la ideología de género afirman que hay diversas formas de sexualidad: **heterosexual masculino, heterosexual femenino, homosexual, lesbiana, bisexual e indiferenciado** que son equivalentes a la heterosexualidad.

Se habla de "cinco géneros" o "cinco sexos". Otros no hablan de ninguno, ya que se trata de llegar a una situación sin "**sexos fijos**", donde cada uno pueda elegir a su gusto, por el tiempo que quiera, el "**rol**" que más le guste; Defienden que cualquier tipo de unión y cualquier actividad sexual es justificable, porque abren un panorama "i**maginativo**"; Proponen que la heterosexualidad sea sólo un caso más de práctica sexual, tan válida como cualquier otra;Defienden que cada persona debe elegir libremente el género al que le gusta pertenecer según los momentos y etapas de la vida: ahora tengo el rol hetero, ahora tengo el rol bisexual; ahora, el homosexual, etc.

1. "Género" como "rol socialmente construído"

Es un hecho fácilmente constatable la inflación y la ambigüedad del término género (*gender*). Su origen hay que buscarlo en el campo de la lingüística y designa la propiedad de algunos términos gramaticales. Así, en castellano, como en otros idiomas, los sustantivos, pronombres, adjetivos y algunas formas verbales pueden tener tres géneros: masculino, femenino y neutro

Situándonos en el campo del semántica, en primer lugar, "género" sería una forma cortés de decir "sexo" para evitar el sentido secundario que sexo tiene en inglés. Según esta acepción género se refiere a seres humanos masculinos y femeninos.

Pero, desde la última década del siglo pasado, teniendo su origen en el mundo anglosajón, existen quienes, sin ahorrar medios, han decidido difundir (imponer?) a toda costa, toda una "nueva perspectiva" del término. El preconcepto inicial es la **negación de la naturaleza humana.** El ser humano sería una materia informe que hay que moldelar y dotar de sentido. No habría características propias de cada sexo, ni siquiera en la vida psíquica. Esta "nueva perspectiva", para sorpresa de muchos, cuando utiliza el término **género** se refiere a los "**roles socialmente construidos**". En concreto, se utiliza para designar las diferencias socioculturales entre el varón y la mujer. Con ello se pretende afirmar que es preciso distinguir entre lo que es *dado* por la naturaleza biológica, a lo que se le denomina "sexo", de las construcciones culturales *hechas* según los roles o estereotipos que cada sociedad asigna a los sexos, a las que se denomina "género". En efecto, al analizar el sexo en sus múltiples vertientes se constata que está enraizado en lo biológico, pero, tanto la conciencia que se tiene de las implicaciones de la propia sexualidad como el modo de manifestarla socialmente están profundamente influidas por el marco sociocultural. Se podría presentar como la forma en que todas las sociedades del mundo determinan las funciones, actitudes, valores y relaciones que conciernen al hombre y a la mujer. Mientras el sexo hace referencia a los aspectos biológicos que se derivan de las diferencias sexuales, el género es una definición de las mujeres y los hombres construido culturalmente y con claras repercusiones políticas[9].

---

[9] "Aunque existen divergencias en su conceptualización, en general la categoría de género es una definición de carácter histórico y social acerca de los roles, identidades y valores que son atribuidos a varones y mujeres e internalizados mediante los procesos de socialización. Algunas de sus principales características y dimensiones son:
1) es una **construcción social e histórica** (por lo que puede variar de una sociedad a otra y de una época a otra);
2) es una **relación social** (porque descubre las normas que determinan las relaciones entre mujeres y varones);
3) es una **relación de poder** (porque nos remite al carácter cualitativo de esas relaciones);
4) es una **relación asimétrica**; si bien las relaciones entre mujeres y varones admiten distintas posibilidades (dominación masculina, dominación femenina o relaciones igualitarias), en general éstas se configuran como relaciones de dominación masculina y subordinación femenina;
5) es **abarcativa** (porque no se refiere solamente a las relaciones entre los sexos, sino que alude también a otros procesos que se dan en una sociedad: instituciones, símbolos, identidades, sistemas económicos y políticos, etc.);

En el fondo de la ideología de género se debate la siguiente cuestión: **¿qué motivos hay para respetar las exigencias de la naturaleza si ésta no es más que ciega evolución de la materia?, ¿por qué un ser inteligente, como es el hombre, que puede dominar la materia, ha de someterse a los dictados de una evolución ciega y caprichosa**?, ¿por qué la mujer ha de ser madre cuando puede desquitarse de esa imposición genética?, o más todavía, ¿por qué hemos de aceptar el sexo que nos impone la naturaleza cuando, gracias al desarrollo de la cirugía, puede uno al menos asemejarse morfológicamente al sexo que no le dio la naturaleza?

Consecuentemente hay que admitir que

> "el género es una construcción cultural; por consiguiente no es ni resultado causal del sexo ni tan aparentemente fijo como el sexo. Al teorizar que el género es una construcción radicalmente independiente del sexo, el género mismo viene a ser un artificio libre de ataduras; en consecuencia hombre y masculino podrían significar tanto un cuerpo femenino como uno masculino; mujer y femenino, tanto un cuerpo masculino como uno femenino"[10].

Esta nueva acepción va a tomar carta de ciudadanía en la **IV Conferencia Mundial de las Naciones Unidas sobre la Mujer, celebrada en septiembre de 1995 en Pekín**. Desde entonces, la **nueva perspectiva,** exponencialmente, ha ido ganando simpatizantes y adeptos a lo largo y ancho del planeta tierra. Y esto porque desde muchos ámbitos de poder, y desde muchas universidades norteamericanas se ha intentado dar, desde los años 60, a los estudios de género un rango científico y ha tenido como plataforma de lanzamiento la Conferencia Mundial de Naciones Unidas.

---

6) es **transversal** (porque no están aisladas, sino que atraviesan todo el entramado social, articulándose con otros factores como la edad, estado civil, educación, etnia, clase social, etc);
7) es una **propuesta de inclusión** (porque las problemáticas que se derivan de las relaciones de género sólo podrán encontrar resolución en tanto incluyan cambios en las mujeres y también en los varones);
8) es una **búsqueda de una equidad** que sólo será posible si las mujeres conquistan el ejercicio del poder en su sentido más amplio (como poder crear, poder saber, poder dirigir, poder disfrutar, poder elegir, ser elegida, etcétera)" SUSANA GAMBA, "¿Qué es la perspectiva de género y los estudios de género?" en http://www.mujeresenred.net/spip.php?article1395. Cf. "Palabras y conceptos clave en el vocabulario de la igualdad, en http://www.mujeresenred.net/spip.php?article1301

[10] "*Gender is the repeated stylization of the body, a set of repeated acts within a highly rigid regulatory frame that congeal over time to produce the appearance of substance, of a natural sort of being.*" Y más adelante añade: "*If the inner truth of gender is a fabrication and if a true gender is a fantasy instituted and inscribed on the surface of bodies, then it seems that genders can be neither true nor false, but are only produced as the truth effects of a discourse of primary and stable identity.*" BUTLER, JUDITH, *Gender trouble: feminism and the subversion of identity*, Routledge , New York, 1990, p. 41, 172 Este libro es utilizado desde hace varios años como libro de texto en diversos programas de estudios femeninos de prestigiosas universidades norteamericanas, en donde la perspectiva de género viene siendo ampliamente promovida. Cf. ÁNGELA APARISI , „Ideología de género: de la naturaleza a la cultur",en *Persona y Derecho*, 61 (2009) 169-193

Esta ideología está presente en todas las Agencias de las Naciones Unidas desde los años 90: en concreto, en el Fondo para la Población, UNICEF, UNESCO y OMS que han elaborado muchos documentos con categorías propias de esta ideología[11].

Ya en esta Cumbre de Pekín, muchos de los delegados participantes, que ignoraban esta "nueva perspectiva" del término en cuestión, quedaron perplejos ante la deriva del significado del término y solicitaron a sus principales propulsores una definición clara que pudiera iluminar el debate. Ante lo cual, la directiva de la Conferencia de la ONU emitió la siguiente definición:

> **"El género se refiere a las relaciones entre mujeres y hombres basadas en roles definidos socialmente que se asignan a uno u otro sexo".**
>
> *"La forma en que todas las sociedades del mundo determinan las funciones, actitudes, valores y relaciones que conciernen al hombre y a la mujer. Mientras el sexo hace referencia a los aspectos biológicos que se derivan de las diferencias sexuales, el género es una definición de las mujeres y los hombres construido culturalmente y con claras repercusiones políticas".*

Esta nueva definición creó confusión entre varios delegados por lo que solicitaron una mayor explicitación del término; se barruntaba que éste podría encubrir una agenda inaceptable que incluyera la tolerancia de orientaciones e identidades homosexuales, entre otras cosas.

En esta coyuntura, **Bella Abzug,** ex-diputada del Congreso de los Estados Unidos, intervino para completar la novedosa interpretación del término "género":

> *"El concepto de género está enclavado en el discurso social, político y legal contemporáneo. Ha sido integrado a la planificación conceptual, al lenguaje, los*

---

[11] El Consejo Económico y Social (ECOSOC) de las Naciones Unidas aprobó las conclusiones convenidas 1997/2 sobre la incorporación de la perspectiva de género en todas las políticas y programas del sistema de las Naciones Unidas en sus sesiones de coordinación el 18 de julio de 1997. La importancia de la estrategia de incorporación de la perspectiva de género fue reiterado por la Asamblea General en su vigésimo tercer período extraordinario de junio de 2000, y en resoluciones posteriores. En 2004, el Consejo examinó la aplicación de las conclusiones convenidas 1997/2. La resolución más reciente sobre la integración de la perspectiva de género fue aprobada en la sesión sustantivo de 2006 del ECOSOC (resolución 2006/36). Cfr. Pronto llegaron estos nuevos aires a Europa, cf. COUNCIL OF EUROPE, *Equality and Democracy: Utopia or Challenge?,* Palais del´Europe, Strausbourg, 9-11 febrero 1995, p. 38. Y a España. Cf. Por ejemplo la "Guía para las niñas" difundida en octubre de 2005 por la Junta de Comunidades de Castilla-La Mancha (Guía que tuvo que ser retirada ante las protestas de los padres). El mismo Código da Vinci participa de esta "perspectiva" al contraponer un supuesto cristianismo femenino propugnado por María Magdalena, que sería el querido por Jesucristo, a otro cristianismo masculino propugnado por Simón Pedro, que es el que habría triunfado históricamente dando origen a la Iglesia. Cfr BURGGRAF, J, "Género (gender)" en PONTOFICIO CONSEJO PARA LAFAMILIA (ed.), *Lexikon,* Palabra, Madrid 2004]. Cfr. El Observatorio Español contra la LGBTfobia.Cf. tambien la "Ley de protección integral contra la LGTBIfobia y la discriminación por razón de orientación e identidad sexual en la Comunidad de Madrid» iniciativa legislativa que el pasado 14 de julio aprobó la Asamblea de la Comunidad de Madrid por la que implanta en las escuelas madrileñas el adoctrinamiento obligatorio en ideología LGBT para todos los alumnos. Hasta la fecha, en España, son 11 de las 19 Comunidades autónomas las que han aprobado una ley de Ideología de género: cf. http://www.religionenlibertad.com/once-comunidades-autonomas-han-aprobado-leyes-para-imposicion--51883.htm

documentos y programas de los sistemas de las Naciones Unidas y los intentos actuales de varios Estados Miembros de borrar el término género en la Plataforma de Acción y reemplazarlo por sexo es una tentativa insultante y degradante de revocar los logros de las mujeres, de intimidarnos y de bloquear el progreso futuro".

"El sentido del término género ha evolucionado, diferenciándose de la palabra sexo para expresar la realidad de que la situación y los roles de la mujer y del hombre son construcciones sociales sujetas a cambio"[12].

El apasionamiento de **Bella Abzug** por incluir el término en Pekín llamó la atención de muchos delegados. Sin embargo, el asombro y desconcierto fue mayor luego que uno de los participantes difundiera algunos textos empleados por las feministas de género, profesoras de reconocidos Colleges y Universidades de los Estados Unidos.

Sin duda, las palabras de esta ex-congresista esconden una cierta ambigüedad que necesita una ulterior precisión. En concreto, los roles asignados socialmente a uno y otro sexo en una sociedad, ¿son absolutamente convencionales o hay algunas funciones socialmente asignadas al varón y a la mujer que no es posible variar sin violentar la naturaleza?

Por más que la respuesta parece obvia, se ha respondido de modos diversos, que podemos resumir en tres bloques[13]:

1.1 Identidad entre sexo y género.

1.2 Independencia sexo y género.

1.3 Dependencia sexo y género, pero no identidad.

En efecto, al analizar el sexo en sus múltiples vertientes se constata que está enraizado en lo biológico, pero tanto la conciencia que se tiene de las implicaciones de la propia sexualidad como el modo de manifestarla socialmente están profundamente influidas, cuasi determinadas, por el marco sociocultural.

---

[12] Cf. CRISTINA DELGADO; Reporte sobre la Conferencia regional del Mar de la Plata,Argnetina 25-29 septiembre 1995. En este contexto se impone una nueva terminología, Cf.: "Palabras y conceptos clave en el vocabulario de la igualdad" en, www. mujeresenred.net/spip.php?article1301.

[13] Cfr. ELOSEGUI, M. y MARCUELLO, A:M. "Sexo, género, identidad sexual y sus patologías" en *Cuadernos de bioética* n. 39, pp. 459-477.

1.1 Identidad entre sexo y género.

Según este modo de entender las relaciones entre sexo y género, habría una correspondencia biunívoca entre los dos. A cada sexo, determinado biológicamente, le corresponderían unas funciones sociales que serían invariables a lo largo de la historia. Al hombre le corresponderían las funciones públicas (política, economía, trabajo remunerado), mientras que a la mujer le correspondería moverse en el ámbito de lo privado (reproducción, cría y educación de los hijos, economía doméstica). Como consecuencia de ello se justifica la subordinación de la mujer respecto al hombre, lo que tendría consecuencias en la estructura social y en el ordenamiento jurídico.

Al menos, en el mundo occidental, este planteamiento se considera hoy superado teórica y jurídicamente. Teóricamente, porque es evidente que hay construcciones culturales diversas que respetan las diferencias naturales de la mujer y el varón. Jurídicamente, porque la igualdad del hombre y la mujer ante la ley se ha ido imponiendo paulatinamente en todos los ordenamientos jurídicos. No obstante, persiste en algunas manifestaciones prácticas de la sociedad.

1.2 Independencia entre sexo y género.-

Frente a este modo de entender las cosas, el feminismo radical reaccionó afirmando la absoluta independencia entre sexo y género. Este modo de entender este problema es el que se denomina **ideología de género**; según sus defensores, el género **no tendría ninguna base biológica**, sino que se trataría de una mera construcción cultural[14].

Según las defensoras de este planteamiento, tanto **el sexo psicológico o identidad sexual, como los roles que juegan en la sociedad las personas de uno o de otro sexo son construcciones meramente culturales sin enraizamiento en una naturaleza dada**. No cabe duda que en todo este movimiento están presentes los ecos del existencialismo francés, J. **P.** Sartre (no hay naturaleza sino historia) y, sobre todo, **Simone de Beauvoir** quien le gustaba repetir: "No naces mujer, se llega a serlo"[15]. Y

[14] Cf. Supra not. 1

[15] "On ne naît pas femme; on le devient" SIMONE DE BEAUVOIR, *Le deuxième sexe,* Paris 1949, p. 285. En realidad, el libro *El segundo sexo,* escrito por Simone de Beauvoir en el año 1949, constituye el punto de arranque ideológico de la perspectiva de género. Con la expresión «segundo sexo», Simone de Beauvoir denunciaba el estado de subordinación y de inferioridad en el que se encuentra el sexo femenino respecto al sexo masculino. Simone de Beauvoir llegó a la conclusión de que el hombre, como sujeto de la historia, ha marginado siempre, y en todas las civilizaciones, a la mujer; limitándola a las tareas de la reproducción y el trabajo doméstico, lo que llama «la trampa de la maternidad que subordina a la mujer, constituyéndola en un segundo sexo subordinado al varón para complacer su egoísmo». De esta forma, "la historia debe interpretarse siempre en clave de opresión y explotación: la mujer es un Otro porque ante el hombre carece de reciprocidad". Simone de Beauvoir, influida por el existencialismo y la praxis marxista que compartió con Sartre, afirma al inicio del *Segundo sexo,* que *la mujer no nace, se hace.* Una no nace siendo mujer, sino que se hace mujer… O mejor dicho, "la hacen mujer". La autora no hace sino proyectar las tesis de su amante, Sarte, sobre la configuración de la identidad femenina, y reivindica una actitud de radical libertad, que no debe estar condicionada ni siquiera por su naturaleza. Mejor dicho, su naturaleza es su libertad. Es la tesis existencialista, que veremos un poco más adelante.

así se llega a proponer cinco o seis géneros posibles: *varón heterosexual*, *varón homosexual*, *mujer heterosexual*, *mujer homosexual* y *bisexual* (que algunos dividen en bisexual masculino y femenino). Obviamente, según esto, al no haber una base biológico-natural, los defensores de este tipo de relaciones entre sexo y género opinan que cada uno puede optar en cada una de las situaciones de su vida por el género que desee, independientemente de su corporeidad.

Y como la sociedad actual se fundamenta - en su opinión- en un modelo que perpetúa la diferencia irreductible entre sexos, hay que modificarla. Por eso, las feministas de género se plantean como finalidad **deconstruir**[16] la sociedad, para establecer otra sociedad idílica en la que cada uno pueda optar por el género que desee.

Para lograr este objetivo se fijan tres pasos.

1.2.1 Separar el género de la reproducción. La maternidad es uno de los puntos en los que es más difícil aceptar que el género está absolutamente separado de la condición sexual; por eso, una de las metas más claras que se han propuesto estas feministas es deconstruir el proceso reproductivo separándolo de la sexualidad. En una sociedad más creativa, dicen, la reproducción biológica puede asegurarse con técnicas diversas a los contactos personales heterosexuales[17].

Muchas mujeres apoyan los postulados de la ideología de género porque piensan que son avances de carácter feminista. Y no es así. El feminismo defiende la igualdad entre la mujer y el hombre. La ideología de género va más allá: se trata de borrar esa distinción.

La ideología de género sigue un esquema parecido al del marxismo, que pregona la necesidad de la igualación económica y la redistribución de la riqueza. Para el marxismo si se quiere llegar a la sociedad sin clases hay que pasar necesariamente por la dictadura del proletariado.

Para la ideología de género ese paso necesario es **impedir que la mujer se dedique a su hogar y al cuidado de sus hijos, porque eso la hace "desigual**".

Dice una ideóloga de género:

Cf. C. AMORÓS, *Hacia una crítica de la razón-patriarcal,* Anthropos, Madrid 1986; R. BRAIDOTTI, *Sujetos nómades*, Paidós, Buenos Aires, 2000; ALDA FACIO, "Feminismo, género, patriarcado" en, http://centreantigona.uab.es/docs/articulos/Feminismo,%20g%C3%A9nero%20y%20patriarcado.%20Alda%20Facio.pdf

[16] Deconstruir = derribar,demoler, cambiar… Palabra clave en esta nueva vision del la realidad, divulgada y puesta en circulación Cf. J. DERRIDA, *Deconstruction engaged: the Sydney seminars*, Power publications 2001.

[17] HARTMANN, H., *The Unhappy Marriage of Marxism and Feminism,* Boston 1981, p. 16. Cf. ALICIA MIYARES, *Democracia feminista*, Cátedra, Universidad de Valencia, Instituto de la Mujer, Madrid 2003.

"La igualdad feminista radical significa, no simplemente una igualdad bajo la ley y ni siquiera una igual satisfacción de necesidades básicas, sino más bien que las mujeres -al igual que los hombres- no tengan que dar a luz".

La ideología de género propone la destrucción de la familia biológica que **Freud** no logró ver, y que permitirá -aseguran sus defensores- la emergencia de mujeres y hombres nuevos, diferentes a los que han existido anteriormente. Además, las "feministas de género" insisten en la de-construcción de la familia no sólo porque -según ellas- esclaviza a la mujer, sino porque condiciona socialmente a los hijos para que acepten la familia, el matrimonio y la maternidad como algo natural. Este es el momento cultural que atraviesan muchos paises del mundo.

Ya en España: ¿Por qué se regula en la nueva ley de identidad de género el derecho de los transexuales a inscribirse en el Registro Civil con el sexo que desean, al margen de cual sea su configuración cromosómica y morfológica?

Porque la ideología de género sostiene que yo puedo crear a mi voluntad mi propia identidad sexual; yo puedo elegir ser hombre y mujer.

Y además tengo derecho -dicen- a que los demás lo reconozcan así en el Registro Civil.

1.2.2 Redefinir la familia. Pero lo anterior no puede realizarse sin **deconstruir** la familia, que se basa en el matrimonio o unión de un hombre y una mujer de por vida para amarse y perpetuar la especie. Este será el siguiente paso del programa feminista de género: sustituir la familia por otro tipo de uniones con el mismo rango de cobertura legal.

1.2.3 Eliminar las religiones positivas. La causa no es simplemente porque la moral sexual que predican estas religiones se opone a las pretensiones del feminismo de género. El motivo fundamental es que piensan que las religiones tradicionales con un Dios masculino favorecen la sumisión de la mujer al hombre y proporcionan el fundamento ideológico a la organización social que se pretende deconstruir.

1.3 Relación, pero no identidad entre sexo y género.

Sin caer en el extremismo del feminismo radical se puede reaccionar frente al primer modelo de un modo diverso al que se acaba de exponer. La condición sexuada de la persona humana es una realidad natural que se basa en la biología pero que la trasciende. A la vez sostienen que no todos los roles sociales tradicionalmente asignados al varón y a la mujer en nuestra civilización son consecuencia necesaria de la determinación sexual de uno y otro. Este tercer modo de entender las relaciones entre sexo y género sostiene:

- la mujer y el hombre tienen las mismas capacidades básicas, y que desarrollarlas más o menos es una cuestión que depende de la educación.

- aunque el sexo no determine la conducta, sí condiciona las funciones que cada uno de los sexos puede jugar en la sociedad.

- muchos de los roles familiares y sociales atribuidos al varón y a la mujer a lo largo de la historia son convencionales y en muchos casos han sido negativos para la mujer.

No obstante hay que afirmar **un núcleo de diferencias entre la masculinidad y la feminidad que se fundamentan en la naturaleza sexuada del ser humano y que son por ello irreductibles**. Con esta última afirmación no se pretende supeditar un sexo al otro, ni de contraponer los sexos entre sí, sino de afirmar la **complementariedad** que existe entre el varón y la mujer en todos los ámbitos. En ese sentido, debe considerarse como un logro tanto la incorporación masiva de la mujer al mercado laboral como la mayor implicación del hombre en las tareas domésticas.

2. Génesis del Feminismo radical o de género.

2.1. El término

El que primero utilizó el término 'género' para referirse al concepto de "identidad de género", definido como la conciencia individual que de sí mismas tienen las personas como hombre o como mujer, fue el doctor **John Money,** de la Universidad Johns Hopkins de Baltimore, en 1950[18].

Según Money, la identidad del género de la persona dependía de la educación que había recibido desde su infancia, que podía resultar diversa de su sexo biológico, aunque en la inmensa mayoría de los casos coincida. Money sostenía que se podía cambiar el sexo de la persona con la educación; y que a los niños nacidos con órganos genitales ambiguos se les podía asignar un sexo diverso del genético mediante una modificación quirúrgica, que en su opinión debería realizarse antes de los 18 meses, pues de otra forma el sexo biológico podría predeterminar cierto rol de género impuesto por la sociedad[19].

Así nació también el concepto de género como "**rol**" o **conjunto de funciones que la sociedad asigna a cada uno de los géneros.** En 1968 el psiquiatra **Robert Stoller** en su obra ***Sex and gender*** popularizó las ideas de **Money**: «el vocablo género no tiene un significado biológico, sino psicológico y cultural. Los términos que mejor corresponden al sexo son macho y hembra, mientras que lo que mejor califican al género son masculino y femenino, y éstos pueden llegar a ser independientes del sexo biológico»[20].

En honor a la verdad hay que citar a **Dale O'Leary**[21] quien cuestiona la supuesta base científica de la ideología de género por el engaño del doctor Money. **Money**, en el año 1972, presentó una prueba que parecía hacer irrefutable el hecho de que la identidad de género dependía de la educación recibida[22].Se trataba de un gemelo monocigótico cuyo pene había sido destruido durante una operación de fimosis. Los padres de estos gemelos acudieron al doctor Money, quien les aconsejó que hicieran castrar al bebé que había sufrido la lesión y que le educaran como si fuera una mujer. Money contó

---

[18] Esta idea nos la encontramos ya en su tesis doctoral de Harvard (Thesis Ph.D.: *Hermaphroditism: An Inquiry into the Nature of a Human Paradox*, publicada en 1957. En 1955 John **Money** propuso el término "**papel de género**"
para describir el conjunto de conductas atribuidas a los varones y a las mujeres, pero ha sido **Robert Stoller** quien estableció más claramente la diferencia conceptual entre sexo y género. **Los sistemas de género** se entienden como los conjuntos de prácticas, símbolos, representaciones, normas y valores sociales que las sociedades elaboran a partir de la diferencia sexual anatómico-fisiológica y que dan sentido a las relaciones entre personas sexuadas (De Barbieri, 1990).

[19] Cf JOHN MONEY, ,ANKE EHRHARD, *Man & Woman, Boy & Girl*, Johns Hopkins University Press: Baltimore MD, 1972 (ed. española: Desarrollo de la sexualidad humana, Morata, Madrid 1982).

[20] **STOLLER, ROBERT**: *Sex and Gender: On the Development of Masculinity and Femininity,* Science House, New York City, 1968.

[21] *The Gender Agenda: Redefining Equality* and *One Man, One Woman*, Vital Issues Press 1997,

[22] **O'LEARY, Dale**: "The Problem of Gender Feminism", op.cit.

que el cambio de sexo había sido un éxito, y explicó que el niño se había adaptado perfectamente a su identidad femenina, en comparación con el otro hermano que se adaptó a su identidad masculina. Pero en 1997 el doctor **Milton Diamond**[23], experto en el efecto prenatal de la testosterona sobre la organización cerebral, reveló que el doctor **Money había mentido** respecto de su experimento. El nunca creyó en la tesis de Money, según la cual la socialización podía prevalecer sobre la identidad biológica. Por eso, buscó y localizó al gemelo y descubrió que el experimento había sido un fracaso completo. El niño no había aceptado nunca ser una niña, y nunca se adaptó al papel femenino. **A Brenda,** que era el nombre de niña del gemelo **Bruce**, no le gustaron las faldas, y se veía rechazado en la escuela por las demás niñas. Pronto manifestó tendencias lesbianas, pues le gustaban sus compañeras, a pesar de las hormonas que le obligaron a tomar. A la edad de 14 años mostró tendencias suicidas. Uno de los médicos que lo trató le prestó ayuda psicológica e impulsó a sus padres a revelarle la verdad. Cuando Brenda supo que era un chico, decidió llevar una vida de hombre, y se sometió a intervenciones de cirugía reconstructiva sumamente complicadas. Terminó casándose con una mujer. Las teorías de Money quedaron posteriormente desacreditadas por las investigaciones sucesivas sobre el desarrollo cerebral. Las investigaciones sobre la exposición prenatal a las hormonas han demostrado que, ya antes del nacimiento, los cerebros masculino y femenino son notablemente diversos[24].

2.2. Precedentes ideológicos

2.2.1 Rousseau

La ideología de género, además de la filosofía existencialista a la que antes hemos hecho referencia, hay una exagerada proyección del pensamiento de **Rousseau**[25]: en el estado de naturaleza, más allá de la diferencia orgánica, el ser humano no tendría un papel definido como varón o mujer: su rol sería neutral. Es la sociedad la que le hace asumir el papel de varón o mujer, creando las diferencias que la cultura atribuye al hombre o a la mujer. Es decir, los seres humanos, según el dato biológico del sexo, nacen machos o hembras, pero la sociedad, con su actividad, *construye* la sexualidad convirtiéndolos en hombres y mujeres; la cultura engendra las ideas de masculinidad y feminidad.

---

[23] Cf. http://www.lgbtscience.org/milton-diamond/

[24] Los datos proceden de DIAMOND, & H. K. SIGMUNDSON, "Sex Reassignment at Birth: A Long Term Review and Clinical Implications", en *Archives of Pediatrics and Adolescent Medicine* (151, marzo, 1997), 298-304, referencia tomada de tomo O'DAL E: "The Problem of Gender Feminism", *o. c.* n.16, En un reportaje publicado en el periódico alemán *Frankfurter Allgemeine Zeitungen* en el año 2006 se informó que Bruce se había suicidado en el año 2004. Hay numerosos en Internet que cuentan esta historia.

[25] Cf. *Emilio, o De la educación* donde expone la teoría que la pedagogía debe respetar los buenos instintos naturales del hombre, guiando su libre desarrollo de la manera menos artificial posible.

2.2.2 Engels

Fue **Frederick Engels** quien sentó las bases de la unión entre el marxismo y el feminismo. En su obra *El Origen de la Familia, Propiedad y el Estado*, escrito en 1884, señala que el primer antagonismo de clases de la historia se da entre el hombre y la mujer unidos en matrimonio monógamo[26].

No es difícil percibir la falacia de la argumentación. Ciertamente hay que defender siempre a las clases oprimidas, pero de ahí a considerar que la causante de la opresión sea la misma institución de la familia, es ir demasiado lejos. No se ve claro por qué hay que llevarse por delante una institución natural, la del matrimonio, que lleva funcionando desde que existen seres humanos sobre la tierra, con el pretexto de que algunos hombres oprimen y han oprimido a sus mujeres. Esto pasará siempre, como siempre, también, habrá mujeres que opriman a sus maridos, pero esto no es culpa de la institución del matrimonio, ni de la familia, sino de la propia debilidad de la naturaleza humana. La violencia no es algo propio del matrimonio, como no es propio de la compraventa el fraude, aunque haya compraventas fraudulentas.

Y, por su parte, la violencia doméstica no va a disminuir por el sólo hecho de alentar toda denuncia, que ciertamente hay que hacerlo, sino reforzando la educación y motivando el respeto, y mejor todavía, alentando el amor. Provocar el enfrentamiento y la lucha no es la principal solución para acabar con la opresión.

Alicia Miyares[27], una de las principales representantes de la ideología de género en España, piensa que las instituciones contra las que hay que luchar para liberar a la mujer

[26] "Por tanto, -escribe Engels en el capítulo II titulado *la familia*- la monogamia no aparece de ninguna manera en la historia como una reconciliación entre el hombre y la mujer, y menos aún como la forma más elevada de matrimonio. Por el contrario, entra en escena bajo la forma del esclavizamiento de un sexo por el otro, como la proclamación de un conflicto entre los sexos, desconocido hasta entonces en la prehistoria. En un viejo manuscrito inédito, redactado en 1846 por Marx y por mí [La ideología alemana"], encuentro esta frase: "La primera división del trabajo es la que se hizo entre el hombre y la mujer para la procreación de hijos". Y hoy puedo añadir: el primer antagonismo de clases que apareció en la historia coincide con el desarrollo del antagonismo entre el hombre y la mujer en la monogamia; y la primera opresión de clases, con la del sexo femenino por el masculino". FRIEDRICH ENGELS, *El origen de la familia, la propiedad privada y el Estado*, escrito en 1884, cito de Marxists Internet Archive, 2000. completamente disponible en http://www.marxists.org/espanol/m-e/1880s/origen/index.htm. La versión castellana también está disponible en la editorial Fundamentos, Madrid 1981. "El primer antagonismo de clases de la historia coincide con el desarrollo del antagonismo entre el hombre y la mujer unidos en matrimonio monógamo, y la primera opresión de una clase por otra, con la del sexo femenino por el masculino" F. ENGELS, *Der Ursprung der Familie, des Privateigentums und des Staates* (*El origen de la familia, de la propiedad privada y del Estado*, 1884 *The Origins of the Family, Property and the State,* International Publishers, New York 1972, pp 65-66. Estas afirmaciones coinciden con las ideas del primer movimiento feminista que pretendía la eliminación de los privilegios masculinos.

[27] Nacida en Arriondas (Asturias), estudió Filosofía y Letras en la Universidad de Oviedo. Se licenció en 1986 y se doctoró en 1990 con una tesis sobre La filosofía de Nietzsche, dirigida por Amelia Valcárcel.

De 1993 a 1995 fue jefa de gabinete de la Consejería de Educación y Cultura del Gobierno de Asturias con Amelia Valcarcel al frente de la Consejería.

En 2006 trasladó su residencia a Madrid y se incorporó como consejera técnica a la Unidad de Igualdad "Mujer y Ciencia" del Ministerio de Educación y Ciencia (2006-2008).

De 2008 a 2011 fue asesora del gabinete de la vicepresidenta primera del Gobierno (2008-2011) con María Teresa Fernández de la Vega.

son la **familia y el matrimonio,** con todo lo que ello supone: la maternidad, la proscripción del incesto, la consagración de la heterosexualidad…[28]. La lucha, según Miyares, tiene que articularse en tres niveles, que se corresponden con los tres niveles de asignación cultural del rol tradicional de la mujer: el **nivel personal**, por el que se diferencia la mujer del hombre; el **nivel familiar**, por el que se diferencia entre padre y madre; y el **nivel laboral**, por el que se distingue entre ocupaciones específicamente masculinas y femeninas. Pero **sobre todo, hay que luchar** contra la idea de fondo que sustenta la concepción de la "**familia tradicional**", que es principalmente la **religión judeocristiana**, a la que se considera el presupuesto fundamental de la alineación de la mujer. Incluso, hay quienes, como las **"teólogas" feministas Joanne Carlson Brown**[29] **y Rebecca Parker**, acusan al cristianismo de promover el abuso infantil,

---

Desde 2012 es jefa del Departamento de Filosofía y profesora del Instituto Humanejos de Parla (Madrid).[3]

También es integrante del Consejo Rector del Instituto Asturiano de la Mujer y secretaria de la Asociación Española de Filosofía María Zambrano.

Sus líneas de investigación son los aspectos sociales, políticos y morales del siglo XIX y su repercusión en la historia del feminismo; el feminismo como filosofía política; y la democracia actual y su perfeccionamiento.

Especialista en políticas de igualdad y participación política, forma parte del proyecto de investigación El camino hacia la paridad, de la Universidad de Oviedo. Ha publicado numerosos trabajos sobre la representación política de las mujeres en las instituciones y las repercusiones de la aplicación de las cuotas en los partidos políticos, demostrando con cifras cómo los cambios impiden a las diputadas consolidar el liderazgo en sus grupos y cómo —denuncia Miyares— «los varones son insustituibles y las mujeres son intercambiables». En "La paridad como derecho" (2007) donde analiza la situación del Congreso de Diputados en sus primeras siete legislaturas.

Miyares argumenta el carácter eminentemente democrático de la paridad como principio de igualdad y recuerda que para poder hablar de democracia plena no sólo han de cumplirse los criterios de voto individualizado, diversidad de partidos y períodos electorales, sino corregir también los fallos de representatividad.[6]

La paridad garantiza el derecho civil de las mujeres a ser electas y también a representar políticamente a la ciudadanía, no es una concesión a la representatividad de las mujeres que dependa del voluntarismo de los partidos políticos, es un derecho que no puede ser alterado dependiendo de las circunstancias políticas exactamente igual que el derecho al voto y, por ello debe ser registrado como un derecho constitucional de las mujeres.[7]

En el año 2003 publica Democracia feminista. Propone una democracia feminista que pueda reemplazar los dos modelos democráticos operantes en Occidente (la democracia liberal y la democracia social). Para Miyares, el liberalismo no puede tomar en cuenta a la mujer porque su idea de la persona se basa en la propiedad, y el marxismo no considera a la mujer como una clase social. Intenta reconciliar la libertad y la igualdad al declarar que para un feminismo político una defensa de la igualdad tiene que ser al mismo tiempo una defensa de la libertad, y que toda igualdad es libertad mientras que toda desigualdad es una falta de libertad.

Defiende que el feminismo es una teoría política con el mismo sentido de transformación de la realidad que tuvieron el liberalismo y la socialdemocracia.

Otro de los focos de trabajo de Miyares es La incidencia de la religión en los derechos de las mujeres. Denuncia que la religión se sustenta en valores predemocráticos (la fe, la esperanza y la caridad) premisas desde la que no se puede organizar una sociedad democrática.

A. Miyares ha expresado en múltiples ocasiones su opinión sobre la gestación subrogada , conocida también como «vientres de alquiler». La filósofa expresa su pensamiento sobre este asunto apoyándose en el feminismo.

Junto a otras filósofas y constitucionalistas, como Amelia Valcárcel y Victoria Camps, entre otras, y con el respaldo de una parte del movimiento feminista, se une a la voz del manifiesto "No somos vasijas" en el año 2015, en el cual se reivindica que la mujer no ha de ser tratada como una fábrica de productos para terceros y, más allá, se condenan las ataduras de las que, tras firmar un contrato, es víctima la mujer y su carencia de potestad sobre las decisiones tomadas alrededor de la vida de la niña o el niño, entre otras muchas cosas. A este movimiento se han sumado también las filósofas Ana de Miguel, Alicia Puleo o la socióloga Soledad Murillo .

[28] Cf. ALICIA MIYARES, *Democracia feminista*, Cátedra, Universidad de Valencia, Instituto de la Mujer, Madrid 2003.

[29] The Rev. Dr. Joanne Carlson Brown is a United Methodist minister currently serving in the Pacific Northwest Conference. She was born in Pittsburgh, Pennsylvania, adopted by loving parents when she was six months old and told she could do and be anything she wanted. Joanne learned unconditional love from her parents and, therefore, knew that from God. This was a crucial concept that shaped the rest of her life. She has a tattoo on her arm that says "Beloved No Matter What." Knowing she was a lesbian from a very early age, Joanne never hid her sexual identity and found

porque, según dicen ellas, el cristianismo es una teología abusiva que glorifica el sufrimiento. «¿Cabe asombrarse de que haya mucho abuso en la sociedad moderna, cuando la imagen teológica dominante de la cultura es el 'abuso divino del hijo?»[30]. Si el cristianismo -concluyen- ha de ser liberador del oprimido, debe primero liberarse de esta teología.

Por otra parte, en esta dinámica de *autoafirmación de la mujer* hay que desterrar la noción clásica de **"trabajo doméstico".** En una ética de inspiración marxista, la persona que no se inserta en los procesos de producción, que no deja huella en la sociedad, no es reconocida como persona. La idea de reconocimiento social se convierte curiosamente en causa de autoafirmación. Y ciertamente, dicen las feministas radicales, en el trabajo doméstico, la mujer no se socializa. Y, por lo tanto, no debería existir ni siquiera la opción de quedarse en casa trabajando y cuidando a los niños, porque mientras exista esa posibilidad, muchas mujeres se decidirán por ella. El propio **Engels** escribe: "La familia individual moderna se funda en la esclavitud doméstica franca o más o menos disimulada de la mujer, y la sociedad moderna es una masa cuyas moléculas son las familias individuales. Hoy, en la mayoría de los casos, el hombre tiene que ganar los medios de vida, que alimentar a la familia, por lo menos en las clases poseedoras; y esto le da una posición preponderante que no necesita ser privilegiada de un modo especial por la ley. El hombre es en la familia el burgués; la mujer representa en ella al proletario"[31]. Por lo tanto, no es de extrañar que se plantee

---

both acceptance and rejection from friends, one especially painful time in seminary from the very women she counted as friends.

Combining ministry and academics, she earned a BA degree from Mount Holyoke College (1975), the first institution of higher education for women founded by Mary Lyon in 1837--a very important formative aspect in Joanne's life; an M.Div. degree from Garrett-Evangelical Theological Seminary (1978) in Evanston, Illinois, where she was co-convenor of the women's caucus at a time when women were first coming into seminaries in significant numbers. While at G-ETS, Joanne was active in the protest surrounding the G-ETS policy banning "self-avowed homosexuals" from attending the school and when two students were dismissed in 1978 for being openly gay. Her Ph.D. is from Boston University (1983) in historical theology and church history.

Dr. Brown's historical work has been in Methodist studies, but she has lectured and published extensively on lesbian, gay, bisexual and transgender issues within Methodism and general church history. Her ground-breaking essay critiquing the concept of the atonement, co-authored with Rebecca Parker, "For God So Loved the World?" in her co-edited book, *Christianity, Patriarchy and Abuse* (Pilgrim Press, 1989), has had a wide impact, especially in feminist theology.

Joanne was among the early members of Affirmation, United Methodists for LGBT Concerns and served on the national board as well as being active in local chapters.

Joanne was the first openly gay or lesbian person to be ordained by the United Methodist Church. Bishop Melvin Wheatley ordained her in the Rocky Mountain Conference in June, 1982. Her ordination was appealed to the denomination's Judicial Council. Its subsequent ruling that there was nothing in the UMC Discipline, i.e., church law, barring lesbian or gay ordination resulted in the restrictive legislation adopted by the United Methodist General Conference in 1984.

Joanne married Christie Lagergren Brown on December 7, 2013. They currently lives in West Seattle, Washington, with Thistle, the wonder Westie.

[30] "*"[i]s it any wonder that there is so much abuse in modern society when the predominant image or theology of the culture is of "divine child abuse*" – God the Father demanding and carrying out the suffering and death of his own son", p. 26 BROWN, JOANNE CARLSON & PARKER, REBECA: "For God So Loved the World?", en *Christianity, Patriarchy, and Abuse: A Feminist Critique*, Pilgrim Press, 1989, p.26 (la publicación está coordinada por JOANNE CARLSON BROWN AND CAROLE R. BOHN).

[31] ENGELS, FRIEDRICH: *El origen de la familia, la propiedad privada y el Estado,* o.c., cap. II.

el trabajo doméstico como el lugar de la opresión de la mujer por el varón, lugar del que es preciso liberarse para poder afirmar la propia personalidad.

Sin embargo, para la ideología de género los marxistas fracasaron por concentrarse en soluciones económicas, sin atacar directamente a la familia, que es -para la ideología de género- la verdadera causa de las clases. En este sentido, **Shulamith Firestone** afirma la necesidad de destruir no sólo la diferencia de clases, sino destruir la diferencia de sexos:Dice esta ideóloga: "**asegurar la eliminación de las clases sexuales requiere que la clase subyugada (las mujeres) se alce en revolución y se apodere del control de la reproducción**; se restaure a la mujer la propiedad sobre sus propios cuerpos, como también el control femenino de la fertilidad humana, incluyendo tanto las nuevas tecnologías como todas las instituciones sociales de nacimiento y cuidado de niños.

> "Y así como la meta final de la revolución socialista era no sólo acabar con el privilegio de la clase económica, sino con la distinción misma entre clases económicas, la meta definitiva (...) debe ser igualmente -a diferencia del primer movimiento feminista- no simplemente acabar con el privilegio masculino, sino acabar con la distinción de sexos misma: las diferencias genitales entre los seres humanos ya no importarían culturalmente"[32].

Los desarrollos teóricos de los partidarios de la ideología de género se apoyan en el pensamiento de los teóricos de la revolución sexual como **Wilhelm Reich** o **Herbert Marcuse**, en algunos estructuralistas sociales, y en las propuestas de existencialistas ateos como **Simone de Beauvoir**.

2.2.3. **W. Reich**[33] pretende sintetizar las enseñanzas de Marx y de Engels. La ideología de género parece considerar que las relaciones humanas están basadas en el odio, donde el hombre se realiza en la medida en que se afirma a sí mismo. Y así el amor se plantea casi como una mutilación o una renuncia a la autoafirmación, porque cuanto más se ama, más se renuncia a uno mismo. El matrimonio, que es la institución del amor por excelencia, se plantea como el lugar de la opresión y de la violencia, del que es preciso

---

[32] SHULAMITH FIRESTONE, *The Dialectic of Sex*, Bantam Books, New York, 1970, p. 12

[33] *La* diferencia sexual —se dice— es "la primera alienación del ser humano", en concreto, de la mujer, a la que tradicionalmente se le ha asignado un papel de sometimiento al varón, como si fuera algo propio de su naturaleza. «Destrúyase la represión sexual y reencontremos al hombre natural, que es inmediata y espontáneamente sociable» REICH, WILHEM: *La revolución sexual. Para una estructura de carácter autónoma del hombre*, Ruedo Ibérico, París, 1970 (Planeta-De Agostini, Barcelona, 1985); La versión original se publicó por primera vez en inglés, bajo el título *Sexual revolution,* en 1962.
Se trata, por tanto, de destruir "artificios culturales" que encorsetan la personalidad, entre los que destaca la institución de la "familia tradicional".
Esta nueva perspectiva de género defiende que hay que volver a exaltar las pulsiones naturales. La razón se presenta, pues, como el enemigo que sojuzga a los instintos. La idea clásica de virtud hay que rechazarla: la virtud no se debe entender —dicen las feministas más radicales— como una especie de domesticación que la razón impone sobre los apetitos sensitivos. Hay que dar rienda suelta a la pasión, y lo que desde Sócrates se había considerado un vicio, hay que restaurarlo como valor. *Revolución sexual* (1945).

desquitarse. Al igual que el marxismo, esta perspectiva de género **presupone que en las relaciones humanas siempre hay una ambición, un impulso de dominación, una continua lucha por el poder.**

Estamos, como es fácilmente comprensible, ante una interpretación neo-marxista de la historia. Comienza con la afirmación de Marx de que toda **la historia es una lucha de clases**, de opresor contra oprimido, en una batalla que se resolverá sólo cuando los oprimidos se percaten de su situación, se alcen en revolución e impongan una dictadura de los oprimidos. La sociedad será totalmente reconstruida y emergerá la sociedad sin clases, libre de conflictos, que asegurará la paz y prosperidad utópicas para todos.

2.2.4 H. Marcuse[34], influenciado por Sigmund Freud mantendrá que un instrumento para liberarse consistía en experimentar todo tipo de situaciones sexuales.

---

[34] *Eros y civilización* 1955. Herbert Marcuse (Berlín, 19 de Julio de 1898- Starnberg, Baviera, 29 de Julio de 1979), es el intérprete principal e inspirador- para, por lo menos la casi totalidad de los críticos- de aquella corriente filosófica y de pensamiento en la cual se reconocieron posteriormente los promotores de los fermentos del movimiento estudiantil. Este movimiento llevó con vehemencia al escenario mundial, por medio de manifestaciones participativas, escritos y acciones varias…a partir de 1968, año que luego devino símbolo de una nueva manera de concebir y considerar la sociedad, aquella ya existente y aquella a construir y reconstituir, y de una nueva forma de considerar y edificar el rol del Hombre al interior del contexto en el que conduce su propia existencia. Marcuse es el autor de numerosos escritos y ensayos: uno de los más célebres es sin duda *Eros y civilización* (con este título, escribe el filósofo en el prefacio de su escrito, editado en 1967, "*trataba de expresar una idea optimista, eufemística, incluso concreta, la convicción que los resultados logrados por las sociedades industriales avanzadas pudiesen consentir al hombre transformar el sentido de marcha de la evolución histórica, romper el nexo fatal entre productividad y destrucción, libertad"* término que a menudo Marcuse duda en usar, "*porque justamente, en nombre de las libertades son perpetrados crímenes en contra de la humanidad*"- "*y represión*"), un volumen complejo y estructurado en más partes, publicado por primera vez en los Estados Unidos de América en 1955, llegando a ser un texto fundamental de lo que se llamó, no sin cierta suficiencia de parte de algunos "contracultura juvenil".

El libro se desarrolla como un árbol de múltiples ramificaciones, partiendo de las raíces, sólidamente hundidas en la llamada filosofía social de Sigmund Freud (Frieberg, 6 de Mayo de 1856-Londres, 23 de Septiembre de 1939), la cual se basa en un supuesto fundamental. Para el célebre intelectual, padre del psicoanálisis, hay de hecho una insalvable incompatibilidad entre felicidad y civilización, y el motivo es profundo: la represión de las pulsiones, la renuncia a la felicidad, la sumisión y el sofoco de Eros son la linfa vital del progreso, lo que lo alimenta, lo nutre, consiente a ello la existencia misma. Sin embargo Marcuse va más allá de estas premisas, puesto que tampoco no puede no tener en cuenta ni la sugestiva y exterminada tradición romántica, sobre todo en área de habla germana y centro- europea, de la que su texto parece estar significativamente impregnado, ni mucho menos de lo que fue la enseñanza de Karl Marx, quien, como se sabe, partiendo de la consabida "izquierda hegeliana", fundó su propio estructurado sistema filosófico con nítidas implicaciones de carácter social, económico y político; Marcuse no retrocede ante la pregunta que parece urgente, que emerge del sustrato de consideraciones desde las cuales irrumpen su análisis y la propia especulación, que se implican en una interrogante muy precisa, es decir, acaso sea lícito o no proponer la posibilidad de una sociedad no opresiva para el hombre ("*Las pulsiones son extraídas de la órbita de la muerte"*, escribe Herbert Marcuse), una sociedad en la cual la felicidad finalmente encontrada del Eros se siga al bienestar que deriva del consumo, un bienestar que, por su naturaleza, no es nada más que engaño.

Marcuse toma pues, tal como se ha dicho, las iniciativas de Sigmund Freud, el cual ha descrito la mutación del sistema valórico que subtiende el logro de las metas que el hombre se fija previamente como "*la transformación del principio del placer en principio de realidad"*, y que descubrió "*el desarrollo de la represión en la estructura pulsional del individuo*", puesto que "*el destino de la libertad y de la felicidad del hombre es decidido mediante la lucha de las pulsiones:* literalmente una lucha por la vida o por la muerte, *en la cual participan soma y psiquis, naturaleza y civilización"*. El estudioso subraya cómo en la primera fase de la teoría freudiana, la concepción de la sexualidad está lejos de ser la que considera al "*Eros como pulsión de vida"*. "*Inicialmente*-sostiene-*la pulsión sexual* (Freud fue leído, a menudo poco y mal, como banalmente un emancipador y un sustentador de vigorosas instancias de rebelión hacia las múltiples y polimorfas moralidades de la iglesia) *y tan solo una de las varias pulsiones específicas –o más bien un grupo de pulsiones-avecindadas a las pulsiones del yo (o de auto-conservación), siendo determinada por su génesis específica, por su fin específico y por su objeto particular*: el principio del placer aparece entonces como una tendencia operante para una función precisa, cuya tarea específica es la completa liberación del aparato psíquico de cada una de las posibles excitaciones y fuentes de excitación. Pero la percepción de la libertad total es un estado "*que cesó definitivamente con el inicio de la vida; la tendencia a un equilibrio de las pulsiones es por lo tanto, en definitiva, una regresión más allá de la vida misma*" y también el primado del mismo principio de Nirvana, la "*aterradora convergencia de placer y muerte, se disuelve en el momento de su establecimiento*".

Pero el mundo del bienestar puede, para Herbert Marcuse, encaminarse a ser algo completamente distinto, diametralmente opuesto a ese universo fundado en la represión de la esfera pulsional del hombre, a la cual se refería Freud, puesto que estaban presentes en ciernes, las premisas para una revolución de carácter primariamente cultural capaz de llevar a término la era del trabajo alienado- la dimensión es, sin duda, utópica, pero las modalidades de expresión que utiliza el filósofo son sorprendentes y fascinantes- que había sido sustituida por la posibilidad, para el género humano y para la sociedad civil, de apertura hacia una nueva dimensión, espontánea, ligada doblemente al goce, fuese este estético, de tipo narcisista o más inmediatamente sensual: una liberación pues, en el futuro, un hedonismo que lleva en sí mismo las connotaciones sugerentes de la subversión, el dominio del principio de realidad llega entonces a ser superado, abandonado, también por el hecho que la realidad constituida presenta para Marcuse, innegables y notorios límites de carácter histórico (las pulsiones son "históricas" para Freud, puesto que "fuera de" la estructura histórica, ninguna de ellas puede ser de tipología instintiva, sino que la distinción al interior de la historia, estratificada sobre el plano filogenético-biológico, no puede no ser mantenida).

En lo que concierne a lo que es definida como "*la dialéctica de la civilización*", Herbert Marcuse escribe: "*La cultura exige una sublimación continua: y con lo cual ello debilita al Eros, constructor de la cultura. Y la de-sexualización, debilitando al Eros, "desata" los impulsos destructivos. De este modo, la civilización se ve amenazada por una de-fusión de las pulsiones, en la cual la pulsión de muerte lucha para conquistar el dominio sobre las pulsiones de vida. Con su origen en la renuncia, y desarrollándose sobre progresivas renuncias, la civilización tiende a la auto-destrucción*". Pero este razonamiento es demasiado depurado para ser verdadero. Surgen varias objeciones. En primer lugar, cada trabajo no implica una de-sexualización, tampoco cada trabajo es desagradable, ni es renuncia. En segundo lugar, las inhibiciones impuestas a la cultura tocan también- y quizás incluso principalmente- a los derivados de las pulsiones de muerte, la agresividad y los impulsos destructivos. A este respecto por lo menos, la inhibición de la cultura debería acrecentar las fuerzas del Eros. Además, el trabajo, en la civilización, es en sí mismo y en gran medida una utilización social de impulsos agresivos, de manera tal que es trabajo al servicio del Eros. Una discusión adecuada de estos problemas exige que la teoría de las pulsiones se libere de su orientación exclusiva en el principio de prestación, y que la imagen de una civilización no represiva (que justamente es sugerida por la conquista del principio de prestación) llegue a ser estudiada en su sustancia. De hecho, para Marcuse "*las fuentes y recursos psíquicos del trabajo, y su relación con la sublimación, constituyen uno de los campos más descuidados de la teoría psicoanalítica*".

En este contexto, que preconiza cumplidamente una nueva dimensión estética, en la cual la sexualidad se transmuta en Eros, ligado en doble vínculo con su contrario, Thanatos. Un vínculo similar al que nos cuenta el mito desde la noche de los tiempos, con Orfeo y Narciso, quienes reconcilian Eros y Thanatos, y aun antes, con Prometeo, quien nada menos, tuvo la audacia- que le costó un eterno suplicio- de osar robar el fuego al divino. Son los "héroes civilizadores" que siguen viviendo en la imaginación como símbolos de actitudes y acciones que han determinado el destino de la humanidad. Y aquí, al inicio, nos golpea enseguida el hecho de que el héroe civilizador predominante es el bandido, el sufriente rebelde contra los dioses, aquel que crea la civilización pagándola con penas eternas. Él es el símbolo de la productividad, del esfuerzo incesante para dominar la vida; pero en su productividad, maldición y bendición, progreso y fatiga, están ligados inextricablemente. Prometeo es el héroe arquetipo del principio de prestación. Y en el mundo prometeico, Pandora, el principio femenino, la sexualidad y el placer, aparece como una maldición disgregadora, destructiva: "*[...] la belleza de la mujer, y la felicidad que ello promete, son elementos fatales en el mundo de trabajo de la civilización. Si Prometeo es el héroe civilizador de la fatiga, de la productividad y del progreso mediante la represión, los símbolos de otro principio de realidad deberán ser buscados en el polo opuesto*".Orfeo y Narciso, analizados desde una óptica que se aleja de la freudiana, que toma como modelo de comparación el jovencito enamorado de sí, dando acceso a una larga serie de imágenes particulares (como Dionisio, con el cual ellas tienen afinidad: el antagonista del dios que sanciona la lógica del dominio, el reino de la razón) son los exponentes de una realidad muy distinta. No se ha vuelto los héroes civilizadores del mundo occidental- su imagen es de alegría y cumplimiento: "*La voz que no comanda sino que canta; el gesto que ofrece y recibe; la acción que es paz y que concluye el trabajo de conquista: la liberación del tiempo, que une el hombre al dios, el hombre a la naturaleza*"

2.2.5 Las influencias **estructuralistas** se acusan principalmente en las teorías deconstruccionistas de ***Jacques Derrida***[35] teoría que el mismo aplicó a la sexualidad en algunas de sus obras[36].

2.2.6 Simone de Beauvoir (9 de Enero de 1908- 14 de Abril de 1986). Pareja de ***J.P.* Sartre.** *c*omo ya hemos insinuado, fue la que más directamente influyó, en el feminismo de género, tanto por su producción literaria que nos permiten calificarla de existencialista atea, como por su implicación directa en el movimiento feminista[37].

---

[35] Cf. Su libro *Desconstrucción y pragmatismo*, Trad. M. Mayer y I.M. Pousadela. Buenos Aires, Paidós, 1998.

[36] Cf. ID"Ser justo con Freud. La historia de la locura en la edad del psicoanálisis", en VV. AA., *Pensar la locura. Ensayos sobre Michel Foucault*, Trad. J. Piatigorsky. Paidós, Buenos Aires-Barcelona-México, 1996-

[37] Dejamos lasfrases que mejor definen su pensamiento: 1. "El día que una mujer pueda no amar con su debilidad sino con su fuerza, no escapar de sí misma sino encontrarse, no humillarse sino afirmarse, ese día el amor será para ella, como para el hombre, fuente de vida y no un peligro mortal".
2. "En sí, la homosexualidad está tan limitada como la heterosexualidad: lo ideal sería ser capaz de amar a una mujer o a un hombre, a cualquier ser humano, sin sentir miedo, inhibición u obligación".
3. "Mediante el trabajo ha sido como la mujer ha podido franquear la distancia que la separa del hombre. El trabajo es lo único que puede garantizarle una libertad completa".
4. "Sólo después de que las mujeres empiezan a sentirse en esta tierra como en su casa, se ve aparecer una Rosa Luxemburgo, una Madame Curie. Ellas demuestran deslumbrantemente que no es la inferioridad de las mujeres lo que ha determinado su insignificancia".
5. "El problema de la mujer siempre ha sido un problema de hombres".
6. "No se nace sino que se deviene mujer".
7. "La familia es un nido de perversiones".
8. "La naturaleza del hombre es malvada. Su bondad es cultura adquirida".
9. "El hecho de que exista una minoría privilegiada no compensa ni excusa, la situación de discriminación en la que vive el resto de sus compañeros".
10. "Es lícito violar una cultura, pero a condición de hacerle un hijo".Frasesntomadas de su obra *El segundo sexo*, 1949 . Cf. https://muhimu.es/genero/simone-de-beauvoir/

3. Feminismo radical o de género. Representantes.

En el campo abonado ideológicamente con los precedentes anteriores, germina, en los años posteriores a las convulsiones revolucionarias ligadas de algún modo con el mayo del 68 francés, el movimiento feminista de género.

Pero en qué consiste el "**feminismo de género**" y cuál es la diferencia con el comúnmente conocido feminismo. Para comprender más a profundidad el debate en torno al "*término género*", vale la pena responder a esta pregunta.

El término "**feministas de género**" fue acuñado en primer lugar por **Christina Hoff Sommers**[38] en su libro "*Who Stole Feminism?*" ("¿Quién se robó el Feminismo?"), con

---

38 **Sommers** nació en Petaluma, California, hija de Dolores y Ken Hoff. Obtuvo una licenciatura en la Universidad de Nueva York en 1971, donde se graduó Phi Beta Kappa, y un doctorado en filosofía de la Universidad Brandeis en 1979. Ex-profesora de filosofía en Ética en la Universidad Clark en Worcester,Massachusetts, Sommers es una académica residente del American Enterprise Institute for Public Policy Research. También es miembro de la Junta de Asesores de la no partidaria Foundation for Individual Rights in Education. Ha aparecido en numerosos programas de televisión incluyendo *Nightline*, *60 Minutes*, *The Oprah Winfrey Show* y *The Daily Show* de Comedy Central y ha dado conferencias y participado en debates en más de 100 campus universitarios y ha formado parte de la junta asesora nacional del Independent Women's Forum. Ha escrito varios artículos para *Time*, *The Huffington Post*, *The Atlantic*, *Slate*, y *The New York Times*. En la American Enterprise Institute actualmente realiza el videoblog semanal *Factual Feminist* ("Feminista basada en los hechos").

Sommers acuñó los términos **"feminismo de equidad" y "feminismo de género"**. Describe el feminismo de equidad como la lucha basada en los "principios de la Ilustración de la justicia individual" por la igualdad de derechos legales y civiles y muchas de las metas originales de las primeras feministas, como en la primera ola del feminismo. El Stanford Encyclopedia of Philosophy categoriza al feminismo de equidad como libertario o liberal clásico. Ella considera que el feminismo de género "ha ido más allá del liberalismo" de las primeras feministas porque en lugar de centrarse en los derechos para todos, las feministas de género ven a la sociedad a través del "prisma de sexo/género" y se centran en reclutar mujeres para unirse a la "lucha contra el patriarcado". *Reason* ha reseñado *Who Stole Feminism?* y caracteriza al feminismo de género como la acción de recalcar las diferencias de género con el fin de crear lo que Sommers afirma son privilegios para las mujeres en el ámbito académico, el gobierno, la industria o el avance de agendas personales.

Sommers es una crítica desde hace mucho tiempo de los departamentos de estudios feministas, y de los planes de estudios universitarios en general. En una entrevista con el periodista freelance Scott London, Sommers manifestó, "La perspectiva ahora, desde mi punto de vista, es que cuanto mejor se ponen las cosas para las mujeres, más enojadas parecen estar las profesoras de estudios feministas, más deprimida parece estar Gloria Steinem." Según *The Nation*, Sommers explica a sus alumnos que feministas "ignorantes en estadística" en los departamentos de estudios feministas se involucran en "mala escolaridad para avanzar su agenda". Estos profesores, ella declara, están vendiendo un mensaje sesgado y provocador: "Las mujeres son de Venus, los hombres son del infierno".

Sommers ha escrito también acerca del Título IX (una sección de la ley estadounidense Education Amendments of 1972 que prohíbe la discriminación de género en los programas educativos sostenidos por el Estado) y la escasez de mujeres en las carreras STEM (ciencia, tecnología, ingeniería y matemáticas). Sommers se opone a los recientes esfuerzos para aplicar el Título IX en las ciencias porque, dice, "La ciencia no es un deporte. En ciencia, los hombres y las mujeres juegan en los mismos equipos. [...] Hay muchas mujeres brillantes en los primeros lugares de todos los campos de la ciencia y la tecnología, y nadie duda de su capacidad para competir en igualdad de condiciones". Los mecanismos del Título IX en las ciencias podrían estigmatizar a las mujeres y abaratar sus logros tan duramente ganados. Sommers añade que las preferencias personales, y no la discriminación sexista, juegan un papel en la elección de carrera de las mujeres. Las mujeres no sólo favorecen campos como la biología, la psicología y la medicina veterinaria sobre la física y las matemáticas, sino que además buscan carreras favorables a la familia. Sommers escribe que "el verdadero problema al que la mayoría de las científicas se enfrentan es el reto de combinar la maternidad con una carrera científica de alto valor."

Obras: *Who Stole Feminism?: How Women Have Betrayed Women*. Simon and Schuster, 1994; *The War against Boys: How Misguided Feminism Is Harming Our Young Men*. Simon and Schuster, 2013; *Vice & Virtue in Everyday Life: Introductory Readings in Ethics*. Wadsworth/Thomson, 2007; *One Nation Under Therapy: How the Helping Culture is Eroding Self-Reliance*. MacMillan 2007; Christina Hoff Sommers (2013). *Freedom Feminism: Its Surprising History and*

el fin de distinguir el feminismo de **ideología radical** surgido hacia fines de los 60s, del anterior movimiento **feminista de equidad**.

> "El ***feminismo de equidad*** es sencillamente la creencia en la igualdad legal y moral de los sexos. Una feminista de equidad quiere para la mujer lo que quiere para todos: tratamiento justo, ausencia de discriminación. Por el contrario, el **feminismo del género** es una **ideología** que pretende abarcarlo todo, según la cual la mujer norteamericana está presa en un sistema patriarcal opresivo. La feminista de equidad opina que las cosas han mejorado mucho para la mujer; la feminista del género a menudo piensa que han empeorado. Ven señales de patriarcado por todas partes y piensan que la situación se pondrá peor. Pero esto carece de base en la realidad norteamericana. Las cosas nunca han estado mejores para la mujer que hoy ya que conforma 55% del estudiantado universitario, mientras que la brecha salarial continúa cerrándose"[39].

Como ya hemos dicho, este "feminismo de género" tuvo una fuerte presencia en la **Cumbre de Pekín**. Así lo afirma **Dale OLeary**, autora de numerosos ensayos sobre la mujer y participante en la Conferencia de Pekín, quien asegura que durante todas las jornadas de trabajo, aquellas mujeres que se identificaron como feministas abogaron persistentemente por incluir la "**perspectiva del género**"[40] en el texto, por la definición de "género" como **roles socialmente construidos** y por el uso de "**género**" en sustitución de mujer o de masculino y femenino.

De hecho todas las personas familiarizadas con los objetivos del "**feminismo de género**", reconocieron inmediatamente la conexión entre la mencionada ideología y el borrador del "**Programa de Acción**" del 27 de febrero que incluía propuestas aparentemente inocentes y términos particularmente ambiguos.

Como ya hemos citado, **Engels** había escrito: "El primer antagonismo de clase de la historia coincide con el desarrollo del antagonismo entre el hombre y la mujer en el ámbito del matrimonio monogámico y la primera opresión de clase con la del sexo

---

Why It Matters Today. American Enterprise Institute for Public Policy Research 2013; *La guerra contra los chicos: Cómo un feminismo mal entendido está dañando a los chicos jóvenes*. Palabra 2006 ; *The Science on Women and Science*. AE 2009.

[39] "Entrevista a Christina Hoff Sommers" en *Faith and Freedom*, 1994, p. 2.

[40] ESTELA SERRET BRAVO y colaboradoras, definen, en el libro editado por el Instituto de la Mujer Oaxaqueña *Qué es y para qué es la perspectiva de género.* Libro de texto para la asignatura: Perspectiva de género en educación superior , que la perspectiva de género es "un punto de vista a partir del cual se visualizan los distintos fenómenos de la realidad (científica, académica, social o política), que tiene en cuenta las implicaciones y efectos de las relaciones sociales de poder entre los géneros (masculino y femenino, en un nivel, y hombres y mujeres en otro)" (p. 15); "[...] una noción feminista que ha sido generada para cuestionar el carácter esencialista y fatal de la subordinación de las mujeres" (p. 54). La perspectiva de género sirve, señalan, para "cambiar la percepción social y la autopercepción del significado de ser mujer" (p. 53); resolver "con efectividad los severos problemas que en todos los niveles de nuestra vida social se derivan de la subordinación" (p. 54), y con ello, alcanzar la igualdad entre los géneros (p. 151).

femenino por parte del masculino". Se trata de afirmaciones que coinciden en gran parte con el primer movimiento feminista que pretendía la eliminación de los privilegios masculinos.

"*La teoría feminista ya no puede darse el lujo simplemente de vocear una tolerancia del lesbianismo como estilo alterno de vida o hacer alusión de muestra a las lesbianas. Se ha retrasado demasiado una crítica feminista de la orientación heterosexual obligatoria de la mujer*"[41]. "*Una estrategia apropiada y viable del derecho al aborto es la de informar a toda mujer que la penetración heterosexual es una violación, sea cual fuere su experiencia subjetiva contraria*[42]."

Las afirmaciones citadas podrían parecer suficientemente reveladoras sobre la peligrosa agenda de los promotores de esta "perspectiva". Sin embargo, existen aún otros postulados que las "feministas de género" propagan cada vez con mayor fuerza:

"*A cada niño se asigna a una u otra categoría en base a la forma y tamaño de sus órganos genitales. Una vez hecha esta asignación nos convertimos en lo que la cultura piensa que cada uno es -femenina o masculino-. Aunque muchos crean que el hombre y la mujer son expresión natural de un plano genético, el género es producto de la cultura y el pensamiento humano, una construcción social que crea la verdadera naturaleza de todo individuo*[43]".

Es así que para las "feministas de género", éste "implica clase, y la clase presupone desigualdad. Luchar más bien por desconstruir el género llevará mucho más rápidamente a la meta"[44].

3.1. Shulamith Firestone

En torno al 1970 surgen planteamientos que pretenden superar esa postura. Un ejemplo de lo que decimos es lo que escribió **Shulamith Firestone** en su obra *The Dialectics of Sex*:

> "Para garantizar la eliminación de las clases sexuales es necesario que la clase oprimida se rebele y tome el control de la función reproductiva... por lo que el objetivo final del movimiento feminista debe ser diverso del que tuvo el primer movimiento feminista; es decir, **no** exclusivamente la eliminación de los privilegios masculinos, sino de **la misma distinción entre sexos**; así las

---

[41] ADRIENNE RICH, "Compulsory Heterosexuality and Lesbian Existence", Blood, Bread and Poetry, p. 27.
[42] *Ibid.*, p. 70.
[43] LUCY GILBER Y PAULA WESBSTER, "The Dangers of Feminity", Gender Differences: Sociology of Biology?, p. 41.
[44] Gender Outlaw, p. 115

diferencias genitales entre los seres humanos no tendrían nunca más ninguna importancia"[45].

Firestone consideraba que lo que hace a la mujer un sexo oprimido es la **maternidad**, definida *como «la servidumbre reproductiva determinada por la biología»*. La obra de Firestone constituye todo un programa revolucionario, cuyo principal objetivo es suprimir la familia. La revolución de las mujeres para controlar los medios de reproducción es paralela a la revolución del proletariado para controlar los medios de producción. Y la forma de controlar los medios de reproducción es mediante la abolición de la familia biológica. Para **Firestone**, siguiendo a Marcuse, **la familia es la causa de la existencia del tabú del incesto,** el auténtico origen de la represión sexual percibida por el niño desde la infancia. La represión sexual precoz es considerada como el mecanismo básico en la construcción de las estructuras de poder, que sostienen la servidumbre política, ideológica y económica que sufren las mujeres.

Tanto ella como otras activistas de esa época (**Nancy Chorodow, Alison Jagger o Christine Riddiough)** pensaron que el núcleo de la opresión de la mujer se encuentra en su papel de madre y de educadora de los hijos. Por tanto habría que liberarla de una y otra tarea. Por eso afirman que convendría **promocionar la contracepción, el aborto** y otros modos de dominar el propio cuerpo en lo que respecta a la reproducción. De esa manera la humanidad se reapropiaría de "*su sexualidad natural caracterizada por un pluralismo polimorfo*"[46]. Además, el Estado debería cargar con el peso de la reproducción y la educación de los niños.

Como el objetivo previsto tenía muchos puntos de contacto con las pretensiones de los movimientos homosexuales, se pensó unir los esfuerzos feministas de género con los movimientos homosexuales. Y, para evitar el rechazo que pudieran suscitar estas ideas si se vieran como un ataque frontal a la familia, surge la idea de no rechazar el concepto mismo de familia, sino de **modificar su significado** de manera que puedan caber otros modos alternativos de familia distinta a la formada por un hombre y una mujer con sus hijos. Esos modelos se pretenden presentar como alternativas igualmente válidas. Por ello, se reivindica **su legalización social y jurídica** como una exigencia de la tolerancia y de la igualdad de derechos.

---

[45] Sh. FIRESTONE, *The Dialectics of Sex,* Bantam Books, New York 1970, p. 12

[46] A. JAGGER, "Political Philosophies of Women?s Liberation" en *Feminism and Philosophy,* Littlefield, Adams & Co., Totowa New Jersey 1977, p. 13.

3.2. Kate Millet[47]

Por su parte, fue la americana **Kate Millet** quien, en su obra ***Política sexual,*** divulgó en forma de ideología las conclusiones supuestamente científicas de **Stoller**[48]. «Lo que llamamos conducta sexual —escribe Millet—es el fruto de un aprendizaje que comienza con la temprana socialización del individuo y queda reforzada por las experiencias del adulto».

Según **Millet,** el género es en principio arbitrario. Son el patriarcado y las normas impuestas por el sistema patriarcal las que establecen el papel de los sexos, pues según ella, «al nacer no hay ninguna diferenciación entre los sexos. **La personalidad psicosexual se forma, por consiguiente, en la fase postnatal y es fruto del aprendizaje»[49].**

Kate Millet subraya la necesidad de luchar contra la idea tradicional del "patriarcado", porque ésta constituye el sistema de dominación básico sobre el que se asientan todos los demás sistemas. Millet entiende por "patriarcado" una "política sexual", que define como «El conjunto de estratagemas destinadas a mantener un sistema o el conjunto de relaciones y compromisos estructurados de acuerdo con el poder, en virtud de los cuales, un grupo de personas queda bajo el control de otro»[50] , es decir, las mujeres bajo el control y el dominio de los hombres. Para Millet, la relación entre los sexos es *política*, porque, según ella, es una relación de poder.

Las mujeres, para reconquistar el poder, deben **reapropiarse** de su sexo, es decir, tienen que lograr que no dependa ya más de la acción del varón. **Consecuentemente, la difusión del divorcio, de los anticonceptivos, la normalización de las prácticas homosexuales y del aborto…** constituye hitos fundamentales en este proceso "liberador" de la opresión femenina. De este modo, **Millet** enfrenta a las mujeres contra los hombres, como Marx enfrentó los proletarios contra sus amos.

---

[47] KATE MILLETT, *Sexual Politics*, Avon Books, New York, 1971 (Hay versión castellana: *Política sexual*, Cátedra, Madrid, 1995). El gran interés de este ensayo de Kate Millett —ensayo que, a pesar de su modernidad, se ha convertido en un clásico de la literatura feminista— radica en la coexistencia en su análisis de dos críticas, la literaria y la cultural, que permiten captar los nítidos reflejos que la literatura ofrece de esa vida que describe, interpreta e incluso deforma. *Política sexual* se divide en tres grandes partes. La primera gira en torno a la afirmación de Millett de que el sexo reviste un cariz político que suele pasar inadvertido la mayoría de las veces. La segunda parte es eminentemente histórica y su objetivo es aclarar la transformación de las relaciones sexuales tradicionales, experimentada a finales del siglo XIX y principios del XX. En la tercera parte Kate Millett se centra en las consideraciones literarias estudiando la obra de autores tan representativos de esa época como D. H. Lawrence, Henry Miller, Norman Mailer y, como contraste frente a éstos, Jean Genet.

[48] *Ibid.*

[49] "(…) *there is no differentiation between the sexes at birth. Psychosexual personality is therefore postnatal and learned.*" KATE MILLET,: *Sexual Politics*, Avon Books, New York, 1971 p. 54.

[50] *Ibid.*, p. 54

Tema 2 Derivaciones

2.1 La naturaleza

Es claro pues que para esta nueva "**perspectiva de género**", la realidad de la naturaleza incomoda, estorba, y por tanto, debe desaparecer. Al respecto, la propia **Shulamith Firestone** decía:

> "**Lo natural no es necesariamente un valor humano. La humanidad ha comenzado a sobrepasar a la naturaleza**; ya no podemos justificar la continuación de un sistema discriminatorio de clases por sexos sobre la base de sus orígenes en la Naturaleza. De hecho, por la sola razón de pragmatismo empieza a parecer que debemos deshacernos de ella"[51].

Para los apasionados defensores de la "**nueva perspectiva**", no se deben hacer distinciones porque *cualquier diferencia es sospechosa, mala, ofensiva*. Dicen además que toda diferencia entre el hombre y la mujer es construcción social y por consiguiente tiene que ser anulada. Buscan establecer una igualdad total entre hombre y mujer, sin considerar las naturales diferencias entre ambos, especialmente las diferencias sexuales; más aún, relativizan la noción de sexo de tal manera que, según ellos, no existirían dos sexos, sino más bien muchas "**orientaciones sexuales**".

Así, los mencionados promotores del "**género**" no han visto mejor opción que **declararle la guerra a la naturaleza y a las opciones de la mujer**. Según **OLeary**, las "feministas de género" a menudo denigran el respeto por la mujer con la misma vehemencia con que atacan el irrespeto, porque **para ellas el "enemigo"** es la diferencia.

Sin embargo, es evidente que no toda diferencia es mala ni mucho menos irreal. Tanto el hombre como la mujer tienen sus propias particularidades naturales que deben ser puestas al servicio del otro, para alcanzar un enriquecimiento mutuo. Esto, claro está, no significa que los recursos personales de la femineidad sean menores que los recursos de la masculinidad; simplemente significa que son diferentes.

En tal sentido, si aceptamos el hecho de que hombre y mujer son diferentes, una diferencia estadística entre hombres y mujeres que participen en una actividad en particular, podría ser más que una muestra de discriminación, el simple reflejo de esas diferencias naturales entre hombre y mujer.

---

[51] FIRESTONE, *O.c.*, 10

No obstante, ante la evidencia de que estas diferencias son naturales, los propulsores de la "**nueva perspectiva" no cuestionan sus planteamientos sino más bien atacan el concepto de naturaleza**.

Además, consideran que **las diferencias** de "género", que según ellos **existen por construcción social,** fuerzan a la mujer a ser dependiente del hombre y por ello, la libertad para la mujer consistirá no en actuar sin restricciones indebidas sino **en liberarse de "roles de género socialmente construidos**". En ese sentido, **Ann Ferguson** y **Nancy Folbre afirman**:

> "Y las feministas deben hallar modos de apoyo para que la mujer identifique sus intereses con la mujer, antes que con sus deberes personales hacia el hombre en el contexto de la familia. Esto requiere establecer una cultura feminista revolucionaria auto-definida de la mujer, que pueda sostener a la mujer, ideológica y materialmente fuera del patriarcado. Las redes de soporte contra-hegemónico material y cultural pueden proveer substitutos mujer-identificados de la producción sexo-afectiva patriarcal, que proporcionen a las mujeres mayor control sobre sus cuerpos, su tiempo de trabajo y su sentido de sí mismas"[52]. Con dicho fin, **Ferguson** y **Folbre** diseñan 4 áreas claves de "ataque":

a) Reclamar apoyo económico oficial para el cuidado de niños y los derechos reproductivos.

b) Reclamar libertad sexual, que incluye el derecho a la preferencia sexual (derechos homosexuales/lesbianos).

c) El control feminista de la producción ideológica y cultural (es importante porque la producción cultural afecta los fines, el sentido de sí mismo, las redes sociales y la producción de redes de crianza y afecto, amistad y parentesco social).

d) Establecer ayuda mutua: sistemas de apoyo económico a la mujer, desde redes de identificación única con la mujer, hasta juntas de mujeres en los sindicatos que luchen por los intereses femeninos en el trabajo asalariado[53].

Luego de revisar la peculiar "**agenda feminista**", **Dale OLeary** evidencia que el propósito de cada punto de la misma no es mejorar la situación de la mujer, **sino separar a la mujer del hombre y destruir la identificación de sus intereses con los de sus familias.** Asimismo, agrega la experta, **el interés primordial del feminismo radical nunca ha sido el de mejorar directamente la situación de la mujer ni**

[52] ANN FERGUSON & NANCY FOLBRE, "The Unhappy Marriage of Patriarch and Capitalism", *Women and Revolution*, 80.
[53] Cf. *Ibid.*

aumentar su libertad. Por el contrario, para las feministas radicales activas, las mejoras menores pueden obstaculizar la revolución de clase sexo/género.

Esta afirmación es confirmada por la feminista **Heidi Hartmann** que radicalmente afirma:

> **"La cuestión de la mujer nunca ha sido la cuestión feminista. Ésta se dirige a las causas de la desigualdad sexual entre hombres y mujeres, del dominio masculino sobre la mujer"**[54].

No en vano, durante la Conferencia de Pekín, la delegada canadiense **Valerie Raymond** manifestó su empeño en que la cumbre de la mujer se abordara paradójicamente "no como una conferencia de la mujer" sino que "**los temas debían enfocarse a través de una óptica de género**".

Así, dice **OLeary**, la "**nueva perspectiva**" tiene como objeto propulsar la agenda homosexual/lesbiana/bisexual/transexual, y no los intereses de las mujeres comunes y corrientes.

2.2 Roles a deconstruir

Para tratar este punto, tomemos la definición de "**género**" que aparecía en un volante que fuera circulado en la Reunión del ComPrep (Comité Preparatorio de Pekín) por partidarias de la perspectiva en cuestión.

"*Género se refiere a que los **roles** y responsabilidades de la mujer y del hombre que son determinados socialmente. El género se relaciona a la forma en que se nos percibe y se espera que pensemos y actuemos como mujeres y hombres, por la forma en que la sociedad está organizada, no por nuestras diferencias biológicas*"[55].

Vale señalar que el término **rol** distorsiona la discusión. Siguiendo el estudio de **OLeary**, el **rol** se define primariamente como: **parte de una producción teatral en la cual una persona, vestida especialmente y maquillada, representa un papel de acuerdo a un libreto escrito**. El uso del término **rol** o de la frase roles desempeñados transmite necesariamente la sensación de **algo artificial, transitorio que se le impone a la persona**.

Cuando se sustituye rol por otro vocablo -tal como vocación-, se pone de manifiesto cómo el **término rol afecta nuestra percepción de identidad. Vocación** envuelve algo auténtico, no artificial, un llamado a ser lo que somos. Respondemos a nuestra

---

[54] HEIDI HARMANN, "The Unhappy Marriage of Marxism and Feminism", *Women and Revolution*, South End Press, Boston 1981. 5.

[55] SONIA RODRÍGUEZ FERNÁNDEZ, "La identidad de género en las diferentes culturas", en ENCARNACIÓN SORIANO AYALA, Cord., *La mujer en perspectiva intercutural*, Aula Abierta, La Muralla, Madrid, 2006, p.170

vocación a realizar nuestra naturaleza o a desarrollar nuestros talentos y capacidades innatos. En ese sentido, por ejemplo, **OLeary** destaca la vocación femenina a la maternidad, pues la maternidad no es un rol.

Cuando una madre concibe a un hijo, emprende una relación de por vida con otro ser humano. Esta relación define a la mujer, le plantea ciertas responsabilidades y afecta casi todos los aspectos de su vida. No está representando el papel de madre; es una madre. La cultura y la tradición ciertamente influyen sobre el modo en que la mujer cumple con las responsabilidades de la maternidad, pero no crean madres, aclara **OLeary**.

Sin embargo, los promotores de la "**perspectiva de género**" insisten en decir que **TODA** relación o actividad de los seres humanos es resultado de una "**construcción social**" que otorga al hombre una posición superior en la sociedad y a la mujer una inferior. Según esta perspectiva, el progreso de la mujer requiere que se libere a toda la sociedad de esta "**construcción social**", de modo que el hombre y la mujer sean iguales.

Las "**feministas de género**" señalan la urgencia de "**deconstruir estos roles socialmente construidos**", que según ellas, pueden ser divididos en tres categorías principalmente:

2.2.1 Roles de la masculinidad y feminidad.

Los ideoólogos de género defienden que el ser humano **nace sexualmente neutral** (Recuérdese la cita de Rousseau) y que luego es socializado en hombre o mujer. Por eso **hay que educar a los niños sin juguetes o tareas "sexo-específicas",** sin "estereotipos".

En la opinión pública la cuestión de los juguetes se percibe en clave de "igualdad", apoyado en la necesidad de quitarle a los niños juguetes violentos, pero para la ideología de género no se trata de eso, sino poner en práctica un postulado fundamental de esta ideología: sostiene que un niño es un niño porque su padre le da juguetes de niño, le ha puesto nombre de niño y le trata como un niño: lo que hay que hacer es dejarle en libertad: que elija ser niño o niña, o las dos cosas o ninguna. No importa la experiencia cotidiana: esto -sostienen los defensores de esta ideología- es así.

Esta es una reflexión típica de la ideología de género, que quieren evitar cualquier distinción entre hombre y mujer:

"En estos momentos las nenas piden libros de princesas o de hadas y los varones de dragones, magia, fútbol o terror", diagnostica **Karina Skidelsky**, . ¿Qué hacen los padres, tíos o abuelos cuando van a comprar un libro de regalo? ¿Fomentan o disminuyen los estereotipos de género?

"Los adultos piden libros de manualidades para las nenas, a excepción de Art Attack, que es pedido por chicas y chicos, y de piratas, dinosaurios y dragones para regalarles a los varones. Hay padres que no le llevan a su hijo varón un libro cuya tapa sea rosa o pastel, aunque el contenido sea de varón o unisex y tampoco le compran, por ejemplo, un libro de transportes a su hija", cuenta **Skidelsky**.

Aunque hay avances y miradas nuevas, la historia de las diferencias sexuales no se ha terminado de escribir. Ni de leer.

2.2.2 Otros roles a deconstruir: los de las relaciones familiares: padre, madre, marido y mujer. Las feministas de género pretenden que se sustituyan estos términos "*género-específicos*" por palabras "*género-neutrales*", y aspiran a que no haya diferencias de conducta ni responsabilidad entre el hombre y la mujer en la familia.

Entienden por "**familia**" cualquier agrupación humana. Por eso, los cambios terminológicos son tan importantes para la ideología de género: el término "**pareja**", sirve para todo. La ideología de género quiere quitar a la familia cualquier estructura (padres hijos) para cambiarla por cualquier **solución "imaginativa".**

2.2.3 Roles de las ocupaciones o profesiones. El tercer tipo de "roles socialmente construidos" que la ideología de género quiere deconstruir son las ocupaciones que una sociedad asigna a uno u otro sexo.

Pero la ideología de género no batalla por la equiparación de la mujer -como hace el feminismo-, sino que lucha para que no haya distinción de sexos, que es algo distinto.

No pretende que cualquier hombre o cualquier mujer pueda alcanzar un trabajo y ser remunerado igual (que son las conquistas del feminismo de igualdad), sino que desaparezcan las categorías "hombre" y "mujer".

La ideología de género es un **sistema cerrado contra el cual no hay forma de argumentar**, ni de establecer un diálogo.

- No puede apelarse a la naturaleza humana, porque no creen en ella.
- No puede apelarse a la experiencia cotidiana (por ejemplo al ver como los niños y las niñas pequeñas presentan diferencias naturales y se manifiestan y actuan de modo distinto) porque dicen que toda esa experiencia está manipulada. Y punto.
- No puede apelarse a las opiniones y deseos de las mujeres actuales, que ven como la lucha feminista ha logrado muchas conquistas de igualdad, porque

según esta ideología esas mujeres esas mujeres están alienadas, ya que realmente lo que importa para un ideólogo de género no es que la mujer tenga los mismos derechos que el hombre, sino que no existan ni hombres ni mujeres.

- Para las "feministas de género" todo es "socialmente construido", desde la familia a la **religión,** y por lo tanto, hay que **de-construirlo** todo.
  Obviamente, en esta ideología la **religión** algo a de-construir con sumo interés, ya que los ideólogos piensan que la "de-construcción" de la religión es el medio imprescindible para llegar a la sociedad sin sexos que proponen. Para ellos la religión es un simple un invento humano y sostienen que las religiones principales fueron inventadas por los hombres para oprimir a las mujeres. (Esa es la tesis central de "El Código da Vinci").
- Toda propuesta religiosa ajena a la ideología de género se tacha de **fundamentalista.**
  En este contexto tratan de de-construir la figura de Cristo, diciendo que es una pura construcción histórica, sin base real.
  Como ya hemos indicado, Esta corriente se opone y va más allá del feminismo de la igualdad. Conviene recordar que el objetivo de los ideólogos de género no es mejorar la situación de la mujer, sino destruir la identificación de los intereses de la mujer con los de su familia.

Durante la cumbre de Pekín **Barbara Ledeen**, Directora del I*ndependent Women Forum,* una organización feminista de defensa de la mujer, ampliamente reconocida en Estados Unidos, señaló al ver el documento escrito según los postulados de la ideología de género:

"El documento está inspirado en teorías feministas ultra radicales, de viejo sello conflictivo, y representa un ataque directo a los valores de la familia, el matrimonio y la femineidad".

Surge, no podía ser de otra forma, la cuestión de **la reproducción humana**. La ideología de género plantea "otras vías de reproducción": le gustaría que los heterosexuales se uniesen de vez en cuando para algún encuentro. De esa forma -dicen- irían naciendo seres que irían adoptando imaginativamente, el sexo que deseasen y adoptando los roles que quisieran.

Heidi Hartmann afirma:"La forma en que se propaga la especie es determinada socialmente. Si biológicamente la gente es sexualmente polimorfa y la sociedad estuviera organizada de modo que se permitiera por igual toda forma de expresión sexual, la reproducción sería resultado sólo de algunos encuentros sexuales: los heterosexuales".

Para esta ideóloga de género la culpa de la situación actual la tienen los sexos: "La división estricta del trabajo por sexos, un invento social común a toda sociedad conocida, crea dos géneros muy separados y la necesidad de que el hombre y la mujer se junten por razones económicas.

Se contribuye así a orientar sus exigencias sexuales hacia la realización heterosexual, y a asegurar la reproducción biológica. En sociedades más imaginativas, la reproducción biológica podría asegurarse con otras técnicas." Dentro de esta ideología, el término **libre elección de reproducción** es la expresión clave para referirse al aborto. El térmimo **estilo de vida** puede significar muchas cosas: homosexualidad, lesbianismo y todo tipo de sexualidad fuera del matrimonio.

2.2.4 La educación

Otro frente a de-constuir es **la educación?**

La Presidenta de Islandia, **Vigdis Finnbogadottir**, lo planteó en una conferencia preparatoria para la Conferencia de Pekín organizada por el Consejo Europeo en febrero de 1995. Señaló que las niñas deben ser orientadas hacia áreas no tradicionales y no se las debe exponer a la imagen de la mujer como esposa o madre, ni se les debe involucrar en actividades femeninas tradicionales: "La educación es una estrategia importante para cambiar los prejuicios sobre los roles del hombre y la mujer en la sociedad".
Para quitar el concepto "hombre" y "mujer", la perspectiva del género -defienden- debe integrarse en los programas escolares".
Alison Jagger, autora de diversos libros de texto utilizados en programas de estudios femeninos en Universidades norteamericanas, lo explica así: ***Hacia la sociedad polimórfica natural.*** "El final de la familia biológica eliminará también la necesidad de la represión sexual. La homosexualidad masculina, el lesbianismo y las relaciones sexuales extramaritales ya no se verán desde el prisma liberal como opciones alternas, fuera del alcance de la regulación estatal; en vez de esto, hasta las categorías de homosexualidad y heterosexualidad serán abandonadas: la misma institución de las relaciones sexuales, en que hombre y mujer desempeñan un rol bien definido, desaparecerá.. La humanidad podría revertir finalmente a su sexualidad polimórfica natural".

Al respecto, **Heidi Hartmann** afirma:

"La forma en que se propaga la especie es determinada socialmente. Si biológicamente la gente es sexualmente polimorfa y la sociedad estuviera organizada de modo que se permitiera por igual toda forma de expresión sexual, la reproducción sería resultado sólo de algunos encuentros sexuales: los heterosexuales. La división estricta del trabajo por sexos, un invento social común a toda sociedad conocida, crea dos géneros muy separados y la necesidad de que el hombre y la mujer se junten por razones económicas. Contribuye así a orientar sus exigencias sexuales hacia la realización heterosexual, y a asegurar la reproducción biológica. En sociedades más imaginativas, la reproducción biológica podría asegurarse con otras técnicas[56]".

El objetivo: **deconstruir la sociedad.** Queda claro pues, que la meta de los promotores de la "**perspectiva de género**", fuertemente presente en Pekín, es el llegar a una sociedad sin clases de sexo. Para ello, proponen **deconstruir** el **lenguaje, las relaciones familiares, la reproducción, la sexualidad, la educación, la religión, la cultura, entre otras cosas.** Al respecto, el material de trabajo del curso **Re-Imagen del Género**, dice lo siguiente:

> "El género implica clase, y la clase presupone desigualdad. Luchar más bien **por deconstruir el género** llevará mucho más rápidamente a la meta. Bien, en una cultura patriarcal y el género parece ser básico al patriarcado. Después de todo, los hombres no gozarían del privilegio masculino si no hubiera hombres. Y las mujeres no serían oprimidas si no existiera tal cosa como la mujer. Acabar con el género es acabar con el patriarcado, como también con las muchas injusticias perpetradas en nombre de la desigualdad entre los géneros"[57].

En tal sentido, **Susan Moller Okin**[58] escribe un artículo en el que se lanza a pronosticar lo que para ella sería el "**soñado futuro sin géneros**":

> "No habría presunciones sobre roles masculino o femenino; dar a luz estaría conceptualmente tan distante de la crianza infantil, que sería motivo de asombro que hombres y mujeres no fueran igualmente responsables de las áreas domésticas, o que los hijos pasaran mucho más tiempo con uno de los padres que con el otro. Sería un futuro en el que hombres y mujeres participen en número aproximadamente igual en todas las esferas de la vida, desde el cuidado de los infantes hasta el desempeño político de más alto nivel, incluyendo los más diversos tipos de trabajo asalariado. Si hemos de guardar la más mínima lealtad a nuestros ideales democráticos, es esencial distanciarnos del género. Parece innegable que la disolución de roles de género contribuiría a promover la justicia

---

[56] *Ibid.*, 16

[57] *Gender Outlaw*, p. 115.

[58] Cf. MARIA CATERINA LA BARBERA, "Una reflexión crítica através del pensamiento de Susan Okin sobre género y justicia", en http://www.uv.es/cefd/16/Barbera.pdf

en toda nuestra sociedad, haciendo así de la familia un sitio mucho más apto para que los hijos desarrollen un sentido de justicia" [59].

Para ello, también proponen la "**deconstrucción de la educación**" tal como se lee en el discurso que la Presidenta de Islandia, **Vigdis Finnbogadottir** diera en una conferencia preparatoria a la Conferencia de Pekín organizada por el Consejo Europeo en febrero de 1995.

Para ella, así como para todos los demás defensores de la "**perspectiva de género**", urge deconstruir no sólo la familia sino también la educación. Las niñas deben ser orientadas hacia áreas no tradicionales y no se las debe exponer a la imagen de la mujer como esposa o madre, ni se les debe involucrar en actividades femeninas tradicionales

> "La educación es una estrategia importante para cambiar los prejuicios sobre los roles del hombre y la mujer en la sociedad. La perspectiva del género debe integrarse en los programas. Deben eliminarse los estereotipos en los textos escolares y concientizar en este sentido a los maestros, para asegurar así que niñas y niños hagan una selección profesional informada, y no en base a tradiciones prejuiciadas sobre el género"[60] .

3. Final de la Familia:

> "**El final de la familia biológica eliminará también la necesidad de la represión sexual**. La **homosexualidad masculina, el lesbianismo y las relaciones sexuales extramaritales ya no se verán en la forma liberal como opciones alternas, fuera del alcance de la regulación estatal**. En vez de esto, hasta las categorías de homosexualidad y heterosexualidad serán abandonadas: la misma institución de las relaciones sexuales, en que hombre y mujer desempeñan un rol bien definido, desaparecerá. La humanidad podría revertir finalmente a su sexualidad polimorfamente perversa natural"[61] .

Estas palabras de **Alison Jagger,** autora de diversos libros de texto utilizados en programas de estudios femeninos en Universidades norteamericanas, revelan claramente la hostilidad de las "**feministas del género**" frente a la familia.

> "La igualdad feminista radical significa, no simplemente igualdad bajo la ley y ni siquiera igual satisfacción de necesidades básicas, sino más bien que las mujeres -al igual que los hombres- no tengan que dar a luz. La destrucción de la familia

[59] SUSAN MOLLER OKIN, "Change the Family, Change the World", *Utne Reader*, Marzo/Abril, 1990, p. 75.

[60] ALISON JAGGER, "Political Philosophies of Womens Liberation", *Feminism and Philosophy*, Littlefield, Adams & Co., Totowa, New Jersey, 1977, p. 13.

[61] *Ibid.*, p. 14

biológica que Freud jamás visualizó, permitirá la emergencia de mujeres y hombres nuevos, diferentes de cuantos han existido anteriormente"[62] .

Al parecer, la principal razón del rechazo feminista a la familia es que para ellas esta institución básica de la sociedad "**crea y apoya el sistema de clases sexo/género**". Así lo explica **Christine Riddiough,** colaboradora de la revista publicada por la institución internacional anti-vida *"Catholics for a Free Choice*" ("Católicas por el derecho a elegir"):

> "La familia nos da las primeras lecciones de ideología de clase dominante y también le imparte legitimidad a otras instituciones de la sociedad civil. Nuestras familias son las que nos enseñan primero la religión, a ser buenos ciudadanos y tan completa es la hegemonía de la clase dominante en la familia, que se nos enseña **que ésta encarna el orden natural de las cosas**. Se basa en particular en una relación entre el hombre y la mujer que reprime la sexualidad, especialmente la sexualidad de la mujer"[63] .

Para quienes tienen una visión marxista de las diferencias de clases como causa de los problemas, apunta **OLeary, diferente es siempre desigual y desigual siempre es opresor.**

En este sentido, las "**feministas de género**" consideran que cuando la mujer cuida a sus hijos en el hogar y el esposo trabaja fuera de casa, las responsabilidades son diferentes y por tanto no igualitarias. Entonces ven esta desigualdad en el hogar como causa de desigualdad en la vida pública, ya que la mujer, cuyo interés primario es el hogar, no siempre tiene el tiempo y la energía para dedicarse a la vida pública. Por ello afirman:

> "Pensamos que ninguna mujer debería tener esta opción. **No debería autorizarse a ninguna mujer a quedarse en casa para cuidar a sus hijos**. La sociedad debe ser totalmente diferente. Las mujeres no deben tener esa opción, porque si esa opción existe, demasiadas mujeres decidirán por ella"[64].

Además, las "**feministas de género**" insisten en la deconstrucción de la familia no sólo porque según ellas esclaviza a la mujer, sino porque condiciona socialmente a los hijos

---

[62]ALISON JAGGER, "Political Philosophies of Womens Liberation", *Feminism and Philosophy*, Littlefield, Adams & Co., Totowa, New Jersey, 1977, p. 13. ELISABETH SCHUSSLER FIORENZA, In Memory of Her, Crossroad, New York, 1987, p. 15. CHRISTINE RIDDIOUGH, "Socialism, Feminism and Gay/Lesbian Liberation", *Women and Revolution*, p. 80.
[63] *Ibid.*, p. 80.
COUNCIL OF EUROPE, "Equality and Democracy: Utopia or Challenge?", Palais delEurope, Strausbourg, Febrero 9-11, 1995, p. 38.
[64] CHRISTINA HOFF SOMMERS, *Who Stole Feminism?*, Simon & Shuster, New York, 1994, p. 257.

para que acepten la familia, el matrimonio y la maternidad como algo natural. Al respecto, **Nancy Chodorow** afirma:

> "Si nuestra meta es acabar con la división sexual del trabajo en la cual la mujer maternaliza, tenemos que entender en primer lugar los mecanismos que la reproducen. Mi recuento indica exactamente el punto en el que debe intervenirse. Cualquier estrategia para el cambio cuya meta abarque la liberación de las restricciones impuestas por una desigual organización social por géneros, debe tomar en cuenta la necesidad de una reorganización fundamental del cuidado de los hijos, para que sea compartido igualmente por hombres y mujeres"[65].

Queda claro que para los propulsores del "**género**" las responsabilidades de la mujer en la familia son supuestamente enemigas de la realización de la mujer. El entorno privado se considera como secundario y menos importante; la familia y el trabajo del hogar como "**carga**" que afecta negativamente los "**proyectos profesionales**" de la mujer.

Este ataque declarado contra la familia, sin embargo, contrasta notablemente con la Declaración Universal de los Derechos Humanos promulgada, como es sabido, por la ONU en 1948. En el artículo 16 de la misma, las Naciones Unidas defienden enfáticamente a la familia y al matrimonio:

1. Los hombres y las mujeres, a partir de la edad núbil, tienen derecho, sin restricción alguna por motivos de raza, nacionalidad o religión, a casarse y fundar una familia; y disfrutarán de iguales derechos en cuanto al matrimonio, durante el matrimonio y en caso de disolución del matrimonio.
2. Sólo mediante libre y pleno consentimiento de los futuros esposos podrá contraerse el matrimonio.
3. La familia es el elemento natural y fundamental de la sociedad y tiene derecho a la protección de la sociedad y del Estado.

Sin embargo, los artífices de la nueva "perspectiva de género" presentes en la cumbre de la mujer pusieron al margen todas estas premisas y por el contrario apuntaron desde entonces la necesidad de "**deconstruir**" la familia, el matrimonio, la maternidad, y la feminidad misma para que el mundo pueda ser libre.

En cambio, los representantes de las principales naciones comprometidas con la defensa de la vida y los valores familiares que participaron en Pekín, alzaron su voz en contra de este tipo de propuestas, sobre todo al descubrir que el documento de la cumbre **eliminaba arbitrariamente de vocabulario** del programa las palabras

[65] NANCY CHODOROW, The *Reproduction of Mothering*, U. of CA Press, Berkeley, 1978, p. 215.

"esposa", "**marido", "madre", "padre**". Ante tal hecho, **Barbara Ledeen**, Directora del ***Independent Women Forum***, una organización de defensa de la mujer ampliamente reconocida en Estados Unidos, señaló:

> "El documento está inspirado en teorías feministas ultra radicales, de viejo sello conflictivo, y representa un ataque directo a los valores de la familia, el matrimonio y la femineidad".

El Papa Juan Pablo II, por su parte, tiempo antes de la Conferencia de Pekín, ya había insistido en señalar la estrecha relación entre la mujer y la familia. Durante el encuentro que sostuvo con **Gertrude Mongella**, Secretaria General de la Conferencia de la Mujer, previo a la cumbre mundial, dijo:

> "No hay respuesta a los temas sobre la mujer, que pueda pasar por alto la función de la mujer en la familia. Para respetar este orden natural, es necesario hacer frente a la concepción errada de que la función de la maternidad es opresiva para la mujer".

Lamentablemente, la propuesta del Consejo Europeo para la Plataforma de Acción de Pekín fue completamente ajena a las orientaciones del Santo Padre.

> "Ya es hora de dejar en claro que los estereotipos de géneros son anticuados: los hombres ya no son únicamente los machos que sostienen la familia ni las mujeres sólo esposas y madres. No debe subestimarse la influencia psicológica negativa de mostrar estereotipos femeninos"[66].

Ante esta postura, **O Leary** escribe en su informe que si bien es cierto que las mujeres no deben mostrarse únicamente como esposas y madres, muchas sí son esposas y madres, y por ello una imagen positiva de la mujer que se dedica sólo al trabajo del hogar no tiene nada de malo. Sin embargo, la meta de la perspectiva del género no es representar auténticamente la vida de la mujer, sino una estereotipificación inversa según la cual las mujeres que "sólo" sean esposas y madres nunca aparezcan bajo un prisma favorable.

4. Salud y Derechos Sexuales Reproductivos

En la misma línea, las "**feministas de género**" incluyen como parte esencial de su agenda la promoción de la "**libre elección**" en asuntos de reproducción y de estilo de vida. Según **O Leary**, "**libre elección de reproducción**" es la expresión clave para referirse al **aborto**, a su licitud; mientras que "**estilo de vida**" apunta a promover la **homosexualidad**, el **lesbianismo** y toda otra forma de sexualidad fuera del

---

[66] COUNCIL OF EUROPE, "Equality and Democracy: Utopia of Challenge?", Palais delEurope, Strausbourg, Febrero 9-11, 1995.

matrimonio. Así, por ejemplo, los representantes del Consejo Europeo en Pekín lanzaron la siguiente propuesta:

> "Deben escucharse las voces de mujeres jóvenes, ya que la vida sexual no gira sólo alrededor del matrimonio. Esto lleva al aspecto del derecho a ser diferente, ya sea en términos de estilo de vida -la elección de vivir en familia o sola, con o sin hijos- o de preferencias sexuales. Deben reconocerse los derechos reproductivos de la mujer lesbiana"[67].

Estos "**derechos**" de las lesbianas, incluirían también el "**derecho" de las parejas lesbianas a concebir hijos a través de la inseminación artificial, y de adoptar legalmente a los hijos de sus compañeras**.

Pero los defensores del "género" no sólo proponen este tipo de acciones-derechos sino que además defienden el "**derecho a la salud**" que, en honor a la verdad, se aleja por completo de la verdadera salud del ser humano. En efecto, ignorando el derecho de todo ser humano a la vida, estos proponen el derecho a la salud, que incluye el derecho a la salud sexual y reproductiva. Paradójicamente, esta "**salud reproductiva**" incluye el aborto y por tanto, la "muerte" de seres humanos no nacidos.

No en vano, las "**feministas de género**" son fuertes aliadas de los **Ambientalistas** y **Poblacionistas**. Según **OLeary**, aunque las tres ideologías no concuerdan en todos sus aspectos, tienen en común el proyecto del aborto. Por un lado, los **Ambientalistas** y **Poblacionistas**, consideran esencial para el éxito de sus agendas, el **estricto control de la fertilidad** y para ello están dispuestos a usar la "**perspectiva de género**". La siguiente cita de la Division for the Advance of Women (División para el Avance de las Mujeres) propuesta en una reunión organizada en consulta con el Fondo de Población de la ONU, revela la manera de pensar de aquellos interesados primariamente en que haya cada vez menos gente que vea el "género":

> "Para ser efectivos en el largo plazo, los programas de planificación familiar deben buscar no sólo reducir la fertilidad dentro de los roles de género existentes, sino más bien cambiar los roles de género a fin de reducir la fertilidad"[68].

Así, los "**nuevos derechos**" propuestos por las "**feministas de género**", no se reducen simplemente a los derechos de "salud reproductiva" que, como hemos mencionado ya, promueven el aborto de un ser humano no nacido, sino que además exigen el "**derecho" a determinar la propia identidad sexual**. En un comunicado que circuló

---

[67] *Ibid.*, 25.

[68] "Gender Perspective in Family Planning Programs", Division for the Advancement of Women.

durante la Conferencia de Pekín, la ONG International *Gay and Lesbian Human Rights Commission* (Comisión Internacional de los Derechos Humanos de Homosexuales y Lesbianas) exigió este derecho en los siguientes términos:

> "Nosotros, los abajo firmantes, hacemos una llamada a los Estados Miembros a reconocer el derecho a determinar la propia identidad sexual; el derecho a controlar el propio cuerpo, particularmente a establecer relaciones de intimidad; y el derecho a escoger, dado el caso, cuándo y con quién engendrar y criar hijos, como elementos fundamentales de todos los derechos humanos de toda mujer, sin distingo de orientación sexual".

Esto es más preocupante aún si se toma en cuenta que para las "**feministas de género**" existen cinco sexos. **Rebecca J. Cook**, docente de Leyes en la Universidad de Toronto y redactora del aporte oficial de la ONU en Pekín, señala en la misma línea de sus compañeros de batalla, que los géneros masculino y femenino, serían una "**construcción de la realidad social**" que deberían ser abolidos.

Increíblemente, el documento elaborado por la feminista canadiense afirma que "los sexos ya no son dos sino cinco", y por tanto no se debería hablar de hombre y mujer, sino de "***mujeres heterosexuales, mujeres homosexuales, hombres heterosexuales, hombres homosexuales y bisexuales".***

La "**libertad**" de los propulsores del "**género**" para afirmar la existencia de 5 sexos, contrasta con todas las pruebas científicas existentes según las cuales, sólo hay dos opciones desde el punto de vista genético: o se es hombre o se es mujer, no hay absolutamente nada, científicamente hablando, que esté en el medio.

5. Ataque a la Religión

Si bien las "feministas de género" promueven la "desconstrucción" de la familia, la educación y la cultura como panacea para todos los problemas, ponen especial énfasis en la "desconstrucción" de la religión que, según dicen, es la causa principal de la opresión de la mujer. Numerosas ONGs acreditadas ante la ONU, se han empeñado en criticar a quienes ellos denominan "fundamentalistas" (Cristianos Católicos, Evangélicos y Ortodoxos, Judíos y Musulmanes, o cualquier persona que rehuse ajustar las doctrinas de su religión a la agenda del "feminismo de género").

Un video promotor del Foro de las ONG en la Conferencia de Pekín, producido por **Judith Lasch**, señala: "Nada ha hecho más por constreñir a la mujer que los credos y las enseñanzas religiosas".

De la misma manera, el informe de la Reunión de Estrategias Globales para la Mujer contiene numerosas referencias al fundamentalismo y a la necesidad de contrarrestar sus supuestos ataques a los derechos de la mujer.

"Toda forma de fundamentalismo, sea político, religioso o cultural, excluye a la mujer de normas de derechos humanos de aceptación internacional, y la convierten en blanco de violencia extrema. La liminación de estas prácticas es preocupación de la comunidad internacional". De otro lado, el informe de la reunión preparatoria a la Conferencia de Pekín organizada por el Consejo Europeo en febrero de 1995, incluye numerosos ataques a la religión:

> "El surgimiento de toda forma de fundamentalismo religioso se considera como una especial amenaza al disfrute por parte de la mujer de sus derechos humanos y a su plena participación en la toma de decisiones a todo nivel en la sociedad"[69] . "debe capacitarse a las mujeres mismas, y dárseles la oportunidad de determinar lo que sus culturas, religiones y costumbres significan para ellas." [70].

Vale señalar que para el "feminismo de género", la religión es un invento humano y las religiones principales fueron inventadas por hombres para oprimir a las mujeres. Por ello, las feministas radicales postulan la re-imagen de Dios como Sophia: Sabiduría femenina. En ese sentido, las "teólogas del feminismo de género" proponen descubrir y adorar no a Dios, sino a la Diosa. Por ejemplo, Carol Christ, autodenominada "teóloga feminista de género" afirma lo siguiente:

> "Una mujer que se haga eco de la afirmación dramática de **Ntosake Shange**: Encontré a Dios en mí misma y la amé ferozmente está diciendo: El poder femenino es fuerte y creativo. Está diciendo que el principio divino, el poder salvador y sustentador, está en ella misma y que ya no verá al hombre o a la figura masculina como salvador"[71].

Además, **Joanne Carlson Brown y Carole R. Bohn**, también autodenominadas teólogas de la "escuela feminista de género", atacan directamente al cristianismo como propulsor del abuso infantil:

> "El cristianismo es una teología abusiva que glorifica el sufrimiento. ¿Cabe asombrarse de que haya mucho abuso en la sociedad moderna, cuando la imagen

[69] Council of Europe, "Equality and Democracy: Utopia of Challenge?", Palais delEurope, Strausbourg, Febrero 9-11, 1995, p. 13.
[70] *Ibid.,* p.25
[71] CAROL CHRIST, *Womanspirit* Rising, p. 277. Igual de extrañas son las palabras de ELISABETH SCHUSSLER FIORENZA, otra "teóloga feminista de género" que niega de raíz la posibilidad de la Revelación, tal como se lee en la siguiente cita: "Los textos bíblicos no son revelación de inspiración verbal ni principios doctrinales, sino formulaciones históricas& Análogamente, la teoría feminista insiste en que todos los textos son producto de una cultura e historia patriarcal androcéntrica." .
ELISABETH SCHUSSLER FIORENZA, In *Memory of Her*, Crossroad, New York, 1987, p. 15.

teológica dominante de la cultura es el abuso divino del hijo - Dios Padre que exige y efectúa el sufrimiento y la muerte de su propio hijo? Si el cristianismo ha de ser liberador del oprimido, debe primero liberarse de esta teología" [72].

Por todo ello, los dueños de la "nueva perspectiva" promueven el ataque frontal al cristianismo y a toda figura que lo represente. En 1994, **Rhonde Copelon y Berta Esperanza Hernández** elaboraron un folleto para una serie de sesiones de trabajo de la Conferencia Internacional de Población y Desarrollo del Cairo. El folleto atacaba directamente al Vaticano poroponerse a su agenda que entre otras cosas incluye los "derechos a la salud reproductiva" y por consecuencia al aborto. " Con este reclamo de derechos humanos elementales confronta con la oposición de todo tipo de fundamentalistas religiosos, con el Vaticano como líder en la organización de oposición religiosa a la salud y a los derechos reproductivos, incluyendo hasta los servicios de planificación familiar"[73].

Contrastantes con todas estas posturas de ataque y agresión a la religión, a la Iglesia, concretamente al Vaticano, son las posturas de la mayoría de mujeres del mundo que según el informe de **OLeary** defienden sus tradiciones religiosas como la mejor de las protecciones de los derechos y la dignidad de la mujer. Mujeres católicas, evangélicas, ortodoxas y judías agradecen en particular, las enseñanzas de sus credos sobre el matrimonio, la familia, la sexualidad, y el respeto por la vida humana. La Santa Sede por su parte, señaló en los meses previos a Pekín, el peligro de la tendencia en el texto planteado por la ONU, a dejar de lado el derecho de las mujeres a la libertad de conciencia y de religión en las instituciones educativas.

Conclusión

En palabras de **Dale OLeary**, el "feminismo de género" es un sistema cerrado contra el cual no hay forma de argumentar. No puede apelarse a la naturaleza, ni a la razón, la experiencia, o las opiniones y deseos de mujeres verdaderas, porque según las "feministas de género" todo esto es "socialmente construido". No importa cuánta evidencia se acumule contra sus ideas; ellas continuarán insistiendo en que es simplemente prueba adicional de la conspiración patriarcal masiva en contra de la mujer. Sin embargo, existen muchas personas que quizás por falta de información, aún no están al tanto de la nueva propuesta y de los peligrosos alcances de la misma. Vale la pena pues, conocer esta "perspectiva de género" que, según informaciones fidedignas, en la actualidad no sólo está tomando fuerza en los países desarrollados sino que al parecer, también ha empezado a filtrarse en nuestro medio. Basta revisar

[72] JOANNE CARLSON BROWN and CAROLE R. BOHN, *Christianity, Patriarchy, and Abuse: A Feminist Critique*, p. 26.
[73] RONDHE COPELON Y BERTA ESPERANZA HERNÁNDEZ, „Sexual and Reproductive Rights and Health as Human Rights: Concepts and Strategies“; en *Introduction for Activitists, Human Rights* Series, Cairo, 1994, p. 3.

algunos materiales educativos difundidos no sólo en los colegios del país sino también en prestigiosas universidades.

Ahora bien, en Estados Unidos el "feminismo de género" ha logrado ubicarse en el centro de la corriente cultural norteamericana. Prestigiosas universidades y Colleges de los Estados Unidos difunden abiertamente esta perspectiva. Además, numerosas series televisivas norteamericanas hacen su parte difundiendo el siguiente mensaje: la identidad sexual puede "desconstruirse" y la masculinidad y femineidad no son más que "roles de géneros construidos socialmente". Si tomamos en cuenta que el avance de las tecnologías ha logrado que dichos programas con toda la nueva "perspectiva de género" lleguen diariamente a los países en vías de desarrollo principalmente a través de la televisión por cable, sin descartar los muchos otros medios que existen en nuestro tiempo, esto nos pone ante un nuevo reto que debe ser enfrentado lo antes posible para evitar las graves consecuencias que ya está ocasionando en el Primer Mundo.

Más aún cuando en palabras de OLeary, la "desconstrucción" de la familia y el ataque a la religión, la tradición y los valores culturales que las "feministas de género" promueven en los países en desarrollo, afecta al mundo entero.

Si bien las "feministas de género" promueven la "deconstrucción" de la familia, la educación y la cultura como panacea para todos los problemas, ponen especial énfasis en la "**deconstrucción**" de la **religión** que, según dicen, es la causa principal de la opresión de la mujer.

Numerosas ONG acreditadas ante la ONU, se han empeñado en criticar a quienes ellos denominan "**fundamentalistas**" (Cristianos Católicos, Evangélicos y Ortodoxos, Judíos y Musulmanes, o cualquier persona que rehúse ajustar las doctrinas de su religión a la agenda del "**feminismo de género**"). Un video promotor del Foro de las ONG en la Conferencia de Pekín, producido por **Judith Lasch**, señala:

> "Nada ha hecho más por constreñir a la mujer que los credos y las enseñanzas religiosas".

De la misma manera, el informe de la Reunión de Estrategias Globales para la Mujer contiene numerosas referencias al fundamentalismo y a la necesidad de contrarrestar sus supuestos ataques a los derechos de la mujer.

> "Toda forma de fundamentalismo, sea político, religioso o cultural, excluye a la mujer de normas de derechos humanos de aceptación internacional, y la convierten en blanco de violencia extrema. La eliminación de estas prácticas es preocupación de la comunidad internacional".

De otro lado, el informe de la reunión preparatoria a la Conferencia de Pekín organizada por el Consejo Europeo en febrero de 1995, incluye numerosos ataques a la religión:

> "El surgimiento de toda forma de fundamentalismo religioso se considera como una especial amenaza al disfrute por parte de la mujer de sus derechos humanos y a su plena participación en la toma de decisiones a todo nivel en la sociedad"[74].
>
> "Y debe capacitarse a las mujeres mismas, y dárseles la oportunidad de determinar lo que sus culturas, religiones y costumbres significan para ellas." [75].

Vale señalar que para el "**feminismo de género**", la religión es un invento humano y las religiones principales fueron inventadas por hombres para oprimir a las mujeres. Por ello, las feministas radicales postulan la **re-imagen** de Dios como ***Sophia***: Sabiduría femenina. En ese sentido, las "teólogas del feminismo de género" proponen descubrir y adorar no a Dios, sino a la Diosa. Por ejemplo, **Carol Christ,** autodenominada "teóloga feminista de género" afirma lo siguiente:

> "Una mujer que se haga eco de la afirmación dramática de **Ntosake Shange**: Encontré a Dios en mí misma y la amé ferozmente está diciendo: **El poder femenino es fuerte y creativo**. Está diciendo que el principio divino, el poder salvador y sustentador, está en ella misma y que ya no verá al hombre o a la figura masculina como salvador"[76].

Igual de extrañas son las palabras de **Elisabeth Schussler Fiorenza**, otra "teóloga feminista de género" que niega de raíz la posibilidad de la Revelación, tal como se lee en la siguiente cita:

> "Los textos bíblicos no son revelación de inspiración verbal ni principios doctrinales, sino formulaciones históricas. Análogamente, la teoría feminista insiste en que todos los textos son producto de una cultura e historia patriarcal androcéntrica."[77].

Además, **Joanne Carlson Brown y Carole R. Bohn**, también autodenominadas teólogas de la "escuela feminista de género", atacan directamente al cristianismo como propulsor del abuso infantil:

> "El cristianismo es una teología abusiva que glorifica el sufrimiento. ¿Cabe asombrarse de que haya mucho abuso en la sociedad moderna, cuando la imagen

---

[74]Council of Europe, "Equality and Democracy: Utopia of Challenge?", Palais delEurope, Strausbourg, Febrero 9-11, 1995, p. 13.

[75] *Ibid.*, 16.

[76] CAROL CHRIST, *Womanspirit Rising*, p. 277.

[77] ELISABETH SCHUSSLER FIORENZA, In *Memory of Her, Crossroad*, New York, 1987, p. 15.

teológica dominante de la cultura es el abuso divino del hijo - Dios Padre que exige y efectúa el sufrimiento y la muerte de su propio hijo? Si el cristianismo ha de ser liberador del oprimido, debe primero liberarse de esta teología"[78].

Por todo ello, los dueños de la "nueva perspectiva" promueven el ataque frontal al cristianismo y a toda figura que lo represente. En 1994, **Rhonde Copelon** y **Berta Esperanza Hernández** elaboraron un folleto para una serie de sesiones de trabajo de la Conferencia Internacional de Población y Desarrollo del Cairo. El folleto atacaba directamente al Vaticano por oponerse a su agenda que entre otras cosas incluye los "**derechos a la salud reproductiva**" y por consecuencia al aborto.

"Y este reclamo de derechos humanos elementales confronta con la oposición de todo tipo de fundamentalistas religiosos, con el Vaticano como líder en la organización de oposición religiosa a la salud y a los derechos reproductivos, incluyendo hasta los servicios de planificación familiar"[79].

Contrastantes con todas estas posturas de ataque y agresión a la religión, a la Iglesia, concretamente al Vaticano, son las posturas de la mayoría de mujeres del mundo que según el informe de **OLeary** defienden sus tradiciones religiosas como la mejor de las protecciones de los derechos y la dignidad de la mujer. Mujeres católicas, evangélicas, ortodoxas y judías agradecen en particular, las enseñanzas de sus credos sobre el matrimonio, la familia, la sexualidad, y el respeto por la vida humana.

La Santa Sede por su parte, señaló en los meses previos a Pekín, el peligro de la tendencia en el texto planteado por la ONU, a dejar de lado el derecho de las mujeres a la libertad de conciencia y de religión en las instituciones educativas.

---

[78] JOANNE CARLSON BROWN AND CAROLE R. BOHN, *Christianity, Patriarchy, and Abuse: A Feminist Critique*, p. 26.

[79] RONDHE COPELON y BERTA ESPERANZA HERNÁNDEZ, "Sexual and Reproductive Rights and Health as Human Rights: Concepts and Strategies"; An *Introduction for Activitists*, *Human Rights Series*, Cairo, 1994, p. 3.

Tema 3. El problema de la Educación

3.1 Educación y perspectiva de género

Uno de los frentes donde se centran los intereses para implantar esta nueva filosofía es el ámbito de la educación escolar[80].Tal como se lee en el discurso de la Presidenta de Islandia, **Vigdis Finnbogadottir**, en una conferencia preparatoria de la Conferencia de Pekín, organizada por el Consejo Europeo en febrero de 1995:

> «La perspectiva del "género" debe integrarse en los programas. Deben eliminarse los estereotipos en los textos escolares y concienciar en este sentido a los maestros, para asegurar así que niñas y niños hagan una selección profesional informada, y no sobre la base de tradiciones predeterminadas sobre el género»[81]. Incluso, ya hay escuelas que procuran en la medida de lo posible referirse a los niños con el género neutro con el fin de no coartar su decisión a la hora de elegir su sexo[82].

En este proceso de liberación, calificado como "**justicia sexual**", tendente a neutralizar la distinción natural y social entre los sexos, juega un papel importante la coeducación: toda educación habrá de ser mixta, si no se quiere caer otra vez en una imposición de la feminidad o de la masculinidad como estereotipos sociales.

[80] Por ejemplo, en el inicio del capítulo primero de la ley de la nueva "Ley de Salud Sexual y Reproductiva y de la Interrupción Voluntaria del Embarazo", aprobada en España en marzo de 2010, podemos leer: «Los poderes públicos, en el desarrollo de sus políticas sanitarias, educativas y sociales, garantizarán la información y la educación afectivo sexual y reproductiva en los contenidos formales del sistema educativo». Una educación que se impartirá, como reconoce la misma ley, desde la ideología de género: el Estado impartirá «la educación sanitaria integral y con perspectiva de género sobre la salud sexual y la salud reproductiva». La imposición de la mentalidad abortista y de la ideología de género ese presenta, en la misma ley, como toda una estrategia de difusión, recogida en el capítulo 11 de la ley, bajo el epígrafe "Elaboración de la Estrategia de salud sexual y reproductiva". El objetivo de esta estrategia de manipulación, como dice la misma ley, son los jóvenes y los adolescentes: «La Estrategia se elaborará (...) con énfasis en jóvenes y adolescentes». Llama la atención el paternalismo de la ley, que reconoce que estas políticas de comunicación sexual ayudarán al crecimiento de los menores: «El sistema educativo –dice la ley en su artículo 9 contemplará la formación en salud sexual y reproductiva, como parte del desarrollo integral de la personalidad y de la formación en valores (sic), incluyendo un enfoque integral que contribuya (...) al desarrollo armónico de la sexualidad acorde con las características de las personas jóvenes». Por otra parte, la nueva ley impone la incorporación del aborto «en los programas curriculares de las carreras relacionadas con la Medicina y las ciencias de la salud», incluida la «formación en la práctica clínica de la interrupción voluntaria del embarazo (sic)». Dicho de otro modo: los alumnos de Medicina y Enfermería deberán aprender de forma práctica cómo se hace un aborto

[81] *"The gender perspective should be integrated in the curricula. Stereotypes must be eliminated in schoolbooks and teachers trained to raise their awareness of this question, so as to ensure that girls and boys make informed career choices which are not based on gender biased traditions. Women also need further education and training to help them to succeed in working life"*, FINNBOGADOTTIR, VIGDIS y Consejo de Europa, *Equality and Democracy: Utopia or Challenge*? Palacio de Europa, Estrasburgo, 9-11 de febrero de 1995, p. 38

[82] Noticia del New York Times (13 nov 2013): Copio literalmente la noticia: *'At an ocher-color preschool along a lane in Stockholm's Old Town, the teachers avoid the pronouns "him" and "her," instead calling their toddlers simply "friends." Masculine and feminine references are taboo, often replaced by the pronoun "hen," an artificial and genderless word that most Swedes avoid but is popular in some gay and feminist circles. "We avoid using words like boy or girl, not because it's bad, but because they represent stereotypes," said Ms. Rajalin. "We just use the name — Peter, Sally — or 'Come on, friends!"*. New York Times, November 13, 2012 (ver la noticia)

Por otra parte, esta filosofía propone una educación sexual concebida como pura técnica de explotación de las posibilidades que ofrece el cuerpo humano, sin ninguna referencia a un fin ulterior que el placer fisiológico. Se pretende desmitificar la sexualidad, suprimir el pudor mediante una "familiarización" (sic) con el propio cuerpo y con el cuerpo del otro sexo. Y así no es de extrañar que en algunas comunidades se haya propuesto que los vestuarios de los colegios sean comunes para niños y niñas, o que se reparta a los menores en las escuelas todo tipo de productos sexuales[83].

A este respecto, las tesis de Alicia Miyares son muy claras:

> «La educación sexual tendría como objetivo que chicas y chicos vivan más a gusto con sus cuerpos, sin intentar responder a símbolos sexuales más propios de la fantasía que de la realidad [...] para evitar tanto desencuentro y falta de reconocimiento entre chicos y chicas se debería impartir una asignatura centrada en la educación sexual; ahora bien, los intentos de establecer una educación sexual son normalmente reprobados por 'gobiernos conservadores' y por la Iglesia Católica [...]. La realidad es que ninguna creencia religiosa debe interferir los fines morales y sexuales educativos del Estado [...]. En definitiva, la propuesta de una educación sexual por ejemplo en nuestro país, debería ocupar el espacio horario que hoy ocupa espuriamente la enseñanza de la religión. Una disposición tal no vulneraría el derecho a la libertad religiosa ya que nada impediría que la instrucción religiosa siga su curso en las familias religiosas, en las iglesias o en las catequesis»[84].

Esta obsesión por la sexualidad de los niños es una constante de esta ideología desde su origen. La misma **Shulamith Firestone** exigía la liberación sexual de los niños previa a la de los adultos; y que **Kate Millet** postulaba las relaciones sexuales abiertas entre adultos y niños, o de **Wilhem Reich** y **Alfred Kinsey** o **Margaret Mead** que teorizaban la necesaria emancipación sexual de la infancia[85].

---

[83] Por ejemplo, en un Ayuntamiento español, en octubre de 2015 se anuncia la compra de 7.000 *monodosis* de aceite lubricante para uso vaginal y anal, para distribuirlo entre los niños y niñas de los Institutos de Educación Secundaria. Lo que hace pocos años era sancionado por *corrupción de menores* ahora se promueve desde el poder público

[84] MIYARES, ALICIA: *Democracia feminista,* Ed. Cátedra – Colección Feminismos, Madrid, 2003, cit. de JESÚS TRILLO, *Una tentación totalitaria, o.c.* p. 168

[85] No es de extrañar que se haya difundido el "día del orgullo pederasta", o como lo llaman los promotores, "Día Internacional de Amor al Niño", que pretenden celebrarla precisamente los 24 de junio de cada año. Esta "celebración" es promovida por varias web que pretenden convencer a la sociedad de que la pasión de los pederastas de mantener relaciones sexuales y emocionales con los menores" no les convierte en depravados". Los autores inciden en distinguir que una cosa son las relaciones sexuales entre niños y adultos en las que prima el cuidado y otra diferente es en la que se abusa de ellos y achaca que los medios de comunicación no hacen esta distinción. Quizá la organización más conocida sea la North American Man/Boy Love Association (NAMBLA). La ILGA (International Lesbian Gay Association), en uno de sus congresos mundiales, aprobó en 1990 un acuerdo que exigía reconocer legalmente a los pederastas (adultos que practican la pedofilia) como "minoría sexual". Durante sus primeros años de andadura, el NAMBLA ha ido de la mano de la ILGA. Se puede ver la información en su web:www.nambla.org

3.2 La filosofía política de Pettit[86]

Esta ideología de género presenta todas las relaciones sociales como conflictos sociales, y la vida en familia, casi como una batalla campal. La vida social, especialmente la convivencia familiar ya no se contempla como un ámbito de realización personal y como escuela de socialización. Sólo el Estado es capaz de *imponer la igualdad* mediante el Derecho, mediante "políticas de igualdad" de los

---

86 Philip Noel Pettit (Ballygar, condado de Galway, 1945) Politólogo y filósofo irlandés.
Se educó en Garbally College, perteneciente a la Universidad Nacional de Irlanda, Maynooth, y en la Queen's University, deBelfast. Fue muchos años profesor de teoría política y social en la facultad de ciencias sociales de la Universidad Nacional Australiana. Ha recibido numerosas distinciones, que incluyen un doctorado honoris causa por la Universidad Nacional de Irlanda. Actualmente, es catedrático Laurence Rockefeller de Ciencias Políticas y Valores Humanos en la Universidad de Princeton. Pettit defiende un tipo de republicanismo en filosofía política y aboga por una conexión más fuerte entre la filosofía cognitiva, la filosofía de las ciencias sociales, el libre albedrío y la filosofía política. Postula la idea de que las leyes debieran fundarse en la no dominación, como vía hacia la libertad. José Luis Rodríguez Zapatero lo considera uno de sus referentes ideológicos.[1] Es miembro del comité científico-asesor de la Fundación IDEAS, think tank del PSOE.

Obras

- *Judging justice: an introduction to contemporary political philosophy* (1980)
- *Rawls: A theory of justice and its critics* (1990), en colaboración con Chandran Kukathas
- *The common mind; an essay on psychology, society and politics* (1993)
- *Not just deserts. A republican theory of criminal justice* (1994)
- *Republicanism: a theory of freedom and government* (1997)
- *Three methods of ethics: a debate* (1997), con Marcia Baron y Michael Slote
- *A theory of freedom: from psychology to the politics of agency* (2001)
- *Rules, reasons and norms: selected essays* (2002)
- *The economy of esteem: an essay on civil and political society* (2004), con Geoffrey Brennan
- *Made with words: Hobbes on language, mind and politics* (2007)

Pensamiento[

Philip Pettit dirige su filosofía entorno a dos corrientes: una más académica sobre metafísica y otra política donde expone sus ideas sobre el republicanismo. Es considerado padre de lo que algunos académicos han denominado **Neorrepublicanismo**, que es una corriente teórica que busca en el pasado la existencia de una tradición republicana que justifique sus postulados normativos.

La idea fundamental es proteger al ciudadano tanto de la dominación pública como de la privada. Un individuo está bajo dominación de otro cuando depende de su buena voluntad para obtener recursos básicos. Para evitar la dominación pública (del Estado) se propone la democracia, la separación de poderes (admite la monarquía) y la distribución de competencias entre diferentes niveles, es decir, dispersar el poder y que los ciudadanos lo supervisen. Esto implica gran implicación política.

Para evitar la dominación privada propone crear un Estado de Bienestar, aumentar el poder de negociación de los trabajadores y evitar que los más ricos tengan un acceso más fácil a los órganos políticos.

El Gobierno debe ser humilde. Debe crear mecanismos de control social (organizaciones no gubernamentales, medios de comunicación, etc.) y hacerles independientes y fuertes, no solo dándoles dinero. Una vez conseguido, sabrán ser críticos con el Gobierno y este tiene que tener la gran virtud de aceptar críticas de sus propias creaciones.

En alguna ocasión, Philip Pettit ha aludido al ejemplo de la Inglaterra del siglo XVII, que entendía la república como "Commonwealth" (res publica, es decir, bien común). El neorrepublicanismo difiere del republicanismo clásico en lo concerniente a la monarquía. Pettit considera que república no es opuesto a monarquía, pues aquella sociedad, como la Inglaterra del siglo XVII, en la que el rey está sometido a la ley y funciona un estado de derecho, debe llamarse república.

La obligación del republicanismo es impedir la dominación de un individuo sobre otro, creando un poder que ponga freno al poder público y hacerlo democráticamente responsable. Para ello se deben garantizar:

- La elección de los representantes políticos por un tiempo determinado y, preferiblemente, con rotación de personal durante ese periodo.
- La separación de poderes, de manera que nadie controle todos
- El Estado de derecho debe ser aplicable a todos.

grupos tradicionalmente oprimidos. Es aquí donde se presenta, como guante a la mano, la filosofía de Pettit.

La teoría del "**republicanismo cívico**" de Pettit defiende que **la libertad es fruto del Derecho, que tiende a deshacer las inercias de dominación en el seno de la sociedad. La libertad** consiste en la *no dominación*, y exige, por tanto, que nadie sea capaz de interferir arbitrariamente en las decisiones de la persona libre. Sólo el Estado puede inmiscuirse legítimamente en las decisiones de las personas pero siempre que lo haga con la intención de lograr una igualdad efectiva entre los ciudadanos. Pero, según Pettit, la interferencia del Derecho, aun siendo coercitiva, no es arbitraria, porque sólo se debe producir cuando defienda los *«intereses comunes de los ciudadanos y de manera que se recurra a las opiniones recibidas de la ciudadanía»*[87].

Pettit habla de "**colectivos invisibilizados**", grupos marginados tradicionalmente, que han de ser rehabilitados mediante políticas de reconocimiento. Entre estos colectivos destacan las mujeres. Se trata de una discriminación trasversal que se da en todos los niveles, desde el plano familiar, pasando por el nivel empresarial hasta la dimensión política, donde las mujeres han estado tradicionalmente marginadas. Y así, entre otras cosas, se desarrolla la idea de los "**cupos**" en casi todos los órganos directivos de la sociedad.

Para acabar con esta situación, el Derecho es una condición necesaria, pero no suficiente: es preciso cambiar los sentimientos, las actitudes, las emociones... Hay que fomentar en los ciudadanos actitudes de respeto y reconocimiento hacia los colectivos tradicionalmente marginados (las mujeres, los indígenas, los niños...).

---

[87] PHILIP **PETTIT**, *Republicanismo, una teoría sobre la libertad y el gobierno*, Paidós, Barcelona 1999. Pettit es actualmente profesor de Teoría Política y Filosofía en la Universidad de Princeton, Nueva Jersey, y pasó por ser el más influyente ideólogo del presidente del Gobierno español J.L. Rodríguez Zapatero. Recientemente ha escrito un libro en homenaje a José Luis Rodríguez Zapatero titulado *Examen a Zapatero*, publicado por Temas de Hoy, Madrid 2008.

Tema 4 Resumen crítico

- La filosofía del género es aquella ideología, surgida en los años setenta en Norteamérica, que propugna que la sexualidad biológica no es constitutiva de la identidad personal, sino que cada cual define su identidad sexual como quiera. la diferencia sexual ha sido fruto de una imposición cultural machista, que ha llevado a identificar a las personas con determinados roles en función de su constitución física

- En el fondo de la ideología de género, además de la filosofía existencialista hay una exagerada proyección del pensamiento de **Rousseau.**

- La teoría del "feminismo de género" se basa también en una interpretación neo-marxista de la historia

- El que primero utilizó el término 'género' para referirse al concepto de "identidad de género", definido como la conciencia individual que de sí mismas tienen las personas como hombre o como mujer, fue el doctor **John Money**, de la Universidad Johns Hopkins de Baltimore, en 1950.

- Fue la americana **Kate Millet** la que, en su obra *Política sexual*, divulgó en forma de ideología la perspectiva de género. «Lo que llamamos conducta sexual —escribe Millet—es el fruto de un aprendizaje que comienza con la temprana socialización del individuo y queda reforzada por las experiencias del adulto».

- La obra de **Firestone** constituye todo un programa revolucionario, cuyo principal objetivo es suprimir la familia. La revolución de las mujeres para controlar los medios de reproducción es paralela a la revolución del proletariado para controlar los medios de producción.

- Se pretende inculcar la ideología de género en todos los tramos de la educación escolar

- La teoría del "**republicanismo cívico**" de **Pettit** defiende que la libertad es fruto del Derecho, que tiende a deshacer las inercias de dominación en el seno de la sociedad. La libertad consiste en la no dominación, y exige, por tanto, que nadie sea capaz de interferir arbitrariamente en las decisiones de la persona libre. Sólo el Estado puede inmiscuirse legítimamente en las decisiones de las personas pero siempre que lo haga con la intención de lograr una igualdad efectiva entre los ciudadanos.

4.1 Análisis crítico de la ideología de género

La génesis de la ideología de género puede ayudarnos a entender mejor sus motivos. Después de haberla expuesto a grandes rasgos, realizaremos un análisis crítico de la misma; lo efectuaremos en primer lugar desde una perspectiva biológico-sociológica y después desde una perspectiva filosófico-teológica.

4.1.1 Perspectiva biológico-sociológica.

Ya hemos aludido a ello. En 1997 apareció un artículo[88] el que se decía que el dr. Money no había contado toda la verdad sobre el caso de los dos gemelos univitelinos de sexo masculino que parecía ser un apoyo firme de la ideología de género. El gemelo educado como mujer no se había adaptado nunca a su educación femenina; a los 14 años intentó suicidarse y fue sometido a una terapia psicológica. Los padres le revelaron la verdad, decidió vivir como varón, se sometió a una complicada operación de recomposición de los órganos masculinos y se casó.

Es un hecho comprobado por todos los educadores que los niños y las niñas tienen preferencias por juguetes distintos. **Gerianne Alexander**[89] quiso investigar si hay una base biológica para ello o se trata de un mero proceso de imitación a los adultos por parte de los pequeños. Los estudios neurológicos de los hemisferios cerebrales de niños y niñas han puesto de manifiesto las diferencias existentes entre los cerebros de los varones y los de las mujeres. Esas diferencias les hacen percibir de manera distinta los colores, el movimiento y otras percepciones.

Por otra parte, hay una estrecha ligazón entre el desarrollo emotivo e intelectual de los neonatos y sus relaciones con su madre[90]. Los recién nacidos, que durante el período de gestación en el seno de su madre han oído su voz, vienen al mundo buscando la luz a través de los ojos de su progenitora. Por otra parte, otros estudios avalan la importancia del amor paterno en el correcto desarrollo del niño[91].

Me parece interesante añadir un comentario de **Dale O'Leary**: "***teniendo en cuenta la confianza que se concedió a pruebas faltas de validez, es importante examinar atentamente todas las pruebas que se presenten para avalar la perspectiva de género.***

[88] DIAMOND, M. & SIGMUNDSON, H.K., "Sex Reassignment at Birth: A Long Term Rewiew and Clinical Implications", *Archives of Pediatrics and Adolescent medicine,* March 1997, (151), pp. 298-304

[89]ALEXANDER, G., "An Evolutionary Perspective of Sex-Typed Toy Preference: Pink, Blue, and the Brain", en *Archives of Sexual Behavior,* vol. 32, 1, febrero de 2003, pp. 7-14.

[90] SHORE,*Affect Regulation and the Origin of Self: The Neurobiology of Emotional Development,* p. 540

[91] ROHNER, R. & VENEZINO, R., "The Importance of Father Love: History and Contemporary Evidence", en *Review of General Psychology,* vol. 5, 4, diciembre de 2001, pp. 382-405.

Esto es especialmente importante en lo que respecta a temas como el aborto o la homosexualidad"[92].

En concreto, en lo referente a los estudios aportados para justificar una redefinición del matrimonio que permita incluir en esa institución a las uniones homosexuales y que les permita adoptar niños, "*la mayor parte de los estudios sobre padres homosexuales está basada en investigaciones cuantitativamente insignificantes, viciadas desde el punto de vista metodológico y analítico (algunas de calidad poco más que anecdótica), y proporcionan una base empírica muy débil para determinar las políticas públicas*"[93].

En conclusión, vista la importancia de la maternidad por una parte y de la paternidad por otra en el desarrollo del recién nacido. Y a la vista del irreductible fundamento biológico entre los varones y las mujeres, parece que se debe afirmar que maternidad y paternidad no son meros roles asignados convencionalmente por la sociedad a mujeres y hombres respectivamente; más bien, tienen un fundamento en la realidad de las cosas. Por eso, es muy conveniente que la sociedad se organice de manera tal que se facilite a las mujeres una educación y unos medios tales que les permita ser buenas madres (y a los hombres ser buenos padres). Y no se debe interpretar ese modo de proceder como un deseo de mantener privilegios indebidos por parte del sexo masculino.

4.1.2 Perspectiva filosófico-teológica.- Para situar el tema que nos ocupa en una perspectiva teológico-filosófica resulta imprescindible el conjunto de reflexiones que realizó Juan Pablo II en las catequesis sobre la "teología del cuerpo" que comenzó en 1979 y concluyó en 1982. Se recogen allí, ampliados y sistematizados, algunos planteamientos que había expuesto en obras anteriores suyas, como *Amor y Responsabilidad,* otras ideas nuevas al hilo de los textos bíblicos que tratan sobre la sexualidad y el matrimonio. Para conocer el pensamiento de Juan Pablo II sobre el particular resultan también interesantes diversos documentos dirigidos a esclarecer la dignidad de la mujer, entre los que cabe destacar la Carta Apostólica *Mulieris Dignitatem"* de 1988. Acudimos a estos textos no sólo por el valor magisterial que puedan tener para los católicos, circunstancia que bastaría de por sí para que nos sirvieran de guía en esta parte de la collatio, sino también porque se trata de una de las exposiciones más lúcidas realizadas por un pensador sobre este particular.

Entre los textos bíblicos que analiza Juan Pablo II destacan:

---

[92] O´LEARY, D., "La questione del feminismo di genere...." en *LOsservatore Romano,* 27 ottobre 2004, p.4.
[93] WARDEL, L. "The Potential Impact of Homosexual Parenting on Children", en University of Illinois Law Review, 1997, p. 833.

a) ***Génesis*** **1, 27:** "Creó pues Dios al ser humano a imagen suya, a imagen de Dios le creó, macho y hembra los creó."

b) ***Génesis*** **2, 24**: "Por eso el hombre abandonará a su padre y a su madre y se unirá a su mujer y los dos serán una sola carne".

c) ***Génesis*** **3, 16:** "Hacia tu marido irá tu apetencia, y él te dominará".

d) ***Mateo*** **19, 4-8**: "El respondió: ¿No habéis leído que al principio el Creador los hizo varón y hembra, y que dijo: Por esto dejará el hombre a su padre y a su madre y se unirá a su mujer, y serán los dos una sola carne? Así, pues, ya no son dos, sino una sola carne. Por tanto, lo que Dios unió no lo separe el hombre. Ellos le replicaron: ¿Por qué entonces Moisés mandó dar el libelo de repudio y despedirla? El les respondió: Moisés os permitió repudiar a vuestras mujeres a causa de la dureza de vuestro corazón; pero al principio no fue así". Este es el texto que se sitúa en el inicio de las catequesis. Y el que une, por así decirlo, todos los demás.

e) Un conjunto de textos sacados de las epístolas de San Pablo y uno de la Epístola de San Pedro.

Estos textos nos muestran que Dios interviene directamente para crear al hombre a imagen y semejanza suya como varón y hembra. Sólo cabe ser hombre con cuerpo masculino o con cuerpo femenino. De esa manera, la masculinidad y la feminidad son modalidades del ser hombre que están enraizadas en su corporeidad. El hombre se moduliza como varón o como mujer; y sólo así cabe ser hombre.

La imagen y semejanza de Dios no se manifiesta sólo en la creación directa del alma por parte de Dios, sino también en la complementariedad de los personas humanas, y en particular en la complementariedad de los sexos, que permiten que el hombre sea imagen de un Dios que no es soledad sino Trinidad. Es decir, el hombre no es imagen de Dios tanto en la soledad primigenia de Adán, sino en la comunión que se da cuando el primer hombre descubre en Eva alguien que es de su misma naturaleza. Por eso, Juan Pablo II habla en la Carta a las mujeres de 1995 del hombre como ***"unidualidad personal complementaria".***

El pecado original distorsiona la relación entre los sexos y la visión social de las tareas que le corresponde a cada uno. Aparece la concupiscencia (descubren la desnudez en un sentido peyorativo) y los intentos de sumisión de la mujer por parte del hombre. Es lo que aparece con crudeza en los textos de Génesis 3.

El texto de San Mateo indica que Cristo ha venido a iluminar lo referente a la sexualidad y la familia para limpiarlas de las consecuencias del pecado y restaurarlas

eran al principio. De ahí la referencia de Jesús "al principio". Es una de las misiones confiadas a los discípulos repristinar las relaciones entre el hombre y la mujer dentro del matrimonio y la familia de manera que refleje la novedad evangélica.

Pero esa novedad no se asimiló inmediatamente en la sociedad, como no se asimiló la abolición de la esclavitud, por ejemplo. Por eso, algunos de los textos de San Pablo o San Pedro incluídos en el Nuevo Testamento, como los que se comentan en la cita 29 de la Mulieris Dignitatem no reflejan la novedad evangélica, sino la situación social de la época tal como se vivía entre los griegos, romanos y hebreos influenciada por el pecado original.

Conclusiones

La diferenciación de dos sexos es algo dado por Dios y esencial al hombre. Palabras como igualdad, *modalidad*, *diferencia*, *reciprocidad* o *complementariedad* son fundamentales para entender esa realidad. Todo ello bajo el prisma de la imagen de la Trinidad. Los términos que he escrito en cursiva no son aceptados unánimemente por los autores. Por ejemplo, Scola en lugar de complementariedad habla de reciprocidad asimétrica. Cotier en lugar de diferencia habla de diversidad, y así sucesivamente. Quizá la terminología se vaya aclarando cuando avancen los estudios sobre el particular.

Los modos del ser masculino y femenino en una sociedad tienen mucho de convencional y en no pocas ocasiones ese modo de manifestarse está influenciado por el pecado. No es fácil discriminar con claridad qué es lo naturalmente masculino y femenino de los que es convención social. Siempre que se mantenga la distinción entre sexo y *género*, la palabra "**género**" puede ser útil para distinguir entre los roles y usos sociales que se asocian a lo masculino y lo femenino en una sociedad determinada de lo que le corresponde naturalmente, que se designaría con la palabra "**sexo**". No obstante, dado el origen y el uso que se ha dado al término ?género?, algunos autores como Jesús Ballesteros prefieren no utilizarlo. En mi opinión, sería más propio hablar de "sexo sociológico" o algo parecido, porque "género", al ser un término utilizado para referirse a palabras y conceptos puede hacernos derivar hacia un cierto relativismo, como si la diferencia sexual que existe en la humanidad fuera un constructo artificial de los hombres, como lo son los diferentes idiomas. Por otra parte, no abundan los estudios serenos sobre el particular; por tanto, parece una tarea interesante profundizar en lo que Blanca Castilla alguna autora ha denominado "Antropología diferencial".

En cuanto a la "perspectiva de género", conviene recordar que a cada sociedad le interesa que tanto el hombre como la mujer puedan intervenir tanto en el ámbito público como en el privado, y que lo hagan de hecho. De esa manera se aprovechará en ella lo propio de la masculinidad y de la feminidad. Por otra parte, es justo eliminar cualquier signo de discriminación respecto a la mujer. Por tanto, es positivo fomentar la participación activa de la mujer y la equiparación de derechos y oportunidades tanto en el plano jurídico, como en el social. Una "perspectiva de género" así entendida es algo positivo, siempre que se reconozca el derecho-deber a la diferencia entre sexos. Desde el punto de vista concreto, al establecer medidas jurídicas particulares en esa línea, el legislador o el gobernante deben valorar las consecuencias directas e indirectas de ellas en una situación dada. Naturalmente, la perspectiva de género así entendida no tiene el sentido radical que tiene entre las feministas de género.

Apéncices

1. Ideología de género y manipulación del lenguaje

por Monseñor José María Yanguas Sanz

01 marzo 2017

A veces se tiene la impresión de que está en marcha desde ya algún tiempo el intento de implantar en España ciertas corrientes culturales ajenas, si no contrarias, a la doctrina cristiana. Se trataría de un verdadero intento de colonización cultural.

En el encuentro con los obispos polacos que tuvo lugar el 27 de julio de 2016 en la catedral de Cracovia, Papa Francisco habló de una de las colonizaciones culturales a que están sometidas enteras naciones en Europa, América, América Latina, África y algunos países de Asia. Es decir, en todo el mundo. Esta precisa colonización tiene el objetivo concreto de imponer la así llamada "teoría de género". La promueven, sostienen y sufragan personas e instituciones, incluso "países muy influyentes", decía el Papa, que ponen el dinero para llevarla a cabo. Y Francisco continuaba en su diálogo con los obispos polacos: "Hablando con el Papa Benedicto (...) me decía: 'Santidad, ¡esta es la época del pecado contra Dios Creador! (...) Dios ha creado al hombre y a la mujer; Dios ha creado el mundo así y así..., y nosotros estamos haciendo lo contrario'. Son palabras del sabio y anciano Pontífice que ciertamente hacen pensar: la nuestra es ¡la época del pecado contra Dios Creador! No pienso que sea algo de lo que podamos vanagloriarnos".

Pero ¿qué se entiende como teoría de género? En el ya repetidamente citado diálogo del Papa con los obispos polacos lo resumía así: "Hoy se enseña esto a los niños –¡a los niños!– en la escuela: que el sexo lo puede elegir cada uno". Se niega, en efecto, la diferencia y la reciprocidad natural de hombre y mujer. En dicha teoría, la sociedad ideal que hay que implantar es aquella en la que no existen diferencias de sexo y en la que, lógicamente, la familia queda vacía de su fundamento antropológico (cf *Amoris laetitia*, 56). La identidad personal y la intimidad afectiva quedan desvinculadas de la diversidad biológica entre hombre y mujer. El hecho biológico pierde toda su importancia a la hora de caracterizar o definir a una persona como hombre o mujer. La naturaleza, lo natural, queda desprovisto de valor antropológico. La voluntad expresa del Creador que hizo al hombre varón y mujer pierde toda su relevancia. Lo que cuenta ahora es la voluntad de la persona; ni siquiera eso: cuenta lo que uno siente. Cada uno se define por cómo se siente a sí mismo.

Una vez que lo "natural" de la persona, lo biológico, ha perdido toda su importancia; después de que se ha negado toda relación entre sexo y persona, y el sexo es ya un simple “fenómeno” anatómico sin relevancia antropológica, entra en su lugar el “rol”, el papel sociocultural que uno desempeña o quiere desempeñar. Esto sería lo verdaderamente importante a la hora de definir a la persona. “El cuerpo ya no hablaría de la persona, de la complementariedad sexual que expresa la vocación a la donación, de la vocación al amor. Cada cual podría elegir configurarse sexualmente como desee” (Conferencia Episcopal Española, *La verdad del amor humano. Orientaciones sobre el amor conyugal, la ideología de género y la legislación familiar*, 52). Qué lejos resuenan las palabras fuertes del Génesis 1, 26-27: “Dijo Dios: hagamos al hombre a nuestra imagen y semejanza (…). Y creó Dios al hombre a su imagen, a imagen de Dios lo creó, varón y mujer los creó”.

Papa Francisco habla de la ideología de género como “una equivocación de la mente humana, que crea tanta confusión”. Y piensa que se trata de la “expresión de una frustración y de una resignación, orientada a cancelar la diferencia sexual porque ya no sabe confrontarse con la misma. Sí, corremos el riesgo de dar un paso atrás. La remoción de la diferencia, en efecto, es el problema, no la solución”. La intención o el fin al que se encamina la ideología de género es imponer una determinada visión de la sexualidad completamente “liberada” de todo lo que no sea la propia voluntad y capricho.

Hoy quiero poner de manifiesto cómo al servicio de la ideología de género y de su masiva difusión-implantación se han seguido y se siguen unas estrategias precisas. Como han señalado los obispos españoles, una de dichas estrategias tiene que ver con la manipulación del lenguaje. Si bien hablamos de éste como de un sistema artificial de signos –no consta que exista una lengua humana natural, “original”, de la que todas las demás serían “deformaciones” o “derivaciones”–, hay modos de hablar cuyo artificio resulta más que evidente: presentan un aspecto “inocente”, neutro; carecen de un significado preciso; resultan altamente indefinidos, una especie de cajón de sastre que puede contener una cosa y su contraria. Pero lo que es claro es que poseen un no pequeño poder de engendrar confusión. No favorecen, además, una verdadera comunicación, pues se desconoce su exacto sentido.

Así “se ha propagado un modo de hablar que enmascara alguna de las verdades básicas de las relaciones humanas”. Así, cuando se habla hoy de matrimonio no se sabe exactamente a qué realidad nos estamos refiriendo. Bajo esa denominación se encierran realidades que nada tienen que ver con lo que hasta ahora se ha venido llamado matrimonio. En muchos países, entre ellos España, el matrimonio es legalmente una institución (¿?) que designa la convivencia afectiva entre dos personas cualesquiera –hombres o mujeres– que puede ser disuelta unilateralmente por cualquiera de ellas. Consecuentemente, no se habla ya de marido y mujer o de esposo y esposa. Del mismo

modo, dentro del concepto de familia entran modelos muy diversos de convivencia, que no corresponden en absoluto a lo que hasta ahora se entendía por familia. Se sigue utilizando el nombre, pero su contenido es bien diferente.
La difusión de la ideología de género ha seguido otra importante vía de penetración-imposición en la sociedad como es la de las recomendaciones de los organismos internacionales que "inspiran" ciertas políticas de los Estados, o "fuerzan" con tentadoras ayudas económicas a la instauración de determinadas políticas sociales que promueven, por ejemplo, el aborto o la anticoncepción. Las ayudas económicas se evaporan cuando no se está dispuesto a someterse al imperialismo cultural.

Una tercera vía, extremadamente eficaz, es la de la introducción obligatoria de ciertos programas educativos de una bien precisa orientación, que tienen que ver con la formación moral de los niños y jóvenes. Y ello a pesar de que no raramente se encuentran en abierta oposición a la educación que los padres desean para sus hijos. El proclamado derecho de los padres a la educación moral de los hijos se ve así frecuencia olímpicamente ignorado y "contrariado".

Cualquier persona, hasta las menos atentas, habrá observado también como en poco tiempo se han reproducido leyes autonómicas en este campo que parecen cortadas todas por el mismo patrón, sin que importe para nada el partido político que las gobierna: invito a examinar las leyes de las comunidades autónomas de Navarra, País Vasco, Canarias, Cataluña, Galicia, Extremadura, Madrid, Murcia o Baleares. Dichas leyes parecen dirigidas, en primer lugar, a la supresión de injustas discriminaciones; pero su verdadero alcance es bien distinto. En realidad "crean" nuevos derechos que favorecen sólo a determinados colectivos y obedecen a la corriente ideológica que quiere imponer la idea de que el sexo biológico no sirve como patrón fundamental para diferenciar entre hombre y mujer, y que las auténticas diferencias entre uno y otra son meras convenciones sociales y subproductos culturales.

Artículo síntesis de las cartas semanales del obispo de Cuenca de 17 de diciembre de 2016 y 10 de febrero de 2017.

2.Vocabulario referido a género

1. GENERO

Es el conjunto de características sociales, culturales, políticas, psicológicas, jurídicas, económicas asignadas a las personas en forma diferenciada de acuerdo al sexo

Refiere diferencias y desigualdades entre hombres y mujeres por razones sociales y culturales. Estas diferencias se manifiestan por los roles (reproductivo, productivo y de gestión comunitaria), que cada uno desempeña en la sociedad, las responsabilidades, conocimiento local, necesidades, prioridades relacionadas con el acceso, manejo, uso y control de los recursos.

Es importante distinguir que existen interacciones y traslapes entre los roles de mujeres y hombres. Los aspectos de género cambian y son diferentes de un lugar a otro, de un grupo étnico a otro y en el tiempo.

Las características de género son contracciones socioculturales que varían a través de la historia y se refieren a los rasgos psicológicos y culturales que la sociedad atribuye, a cada uno, de lo que considera "masculino" o "femenino".

2. SEXO

Son las características físicas, biológicas, anatómicas y fisiológicas de los seres humanos, que los definen como macho y hembra. Se reconoce a partir de datos corporales genitales; el sexo es una construción natural, con la que se nace.

3. DIFERENCIA ENTRE GENERO Y SEXO

El sexo alude a las diferencias entre el macho y la hembra, es una categoría física y biológica, con funciones de reproducción especificas de cada uno. El macho engendra o fecunda y la hembra concibe, gesta, pare y amamanta. Mientras que género (masculino o femenino) es una categoría construida social y culturalmente, se aprende y por lo tanto puede cambiar.

4. ENFOQUE DE GENERO

Es una alternativa que implica abordar primero el análisis de las relaciones de género para basar en él la toma de decisiones y acciones para el desarrollo. Es una forma de observar la realidad en base a las variables sexo y género y sus manifestaciones en un contexto geográfico, cultural, étnico e histórico determinado. Reconoce que el género es una construcción social y cultural que se produce históricamente y por lo tanto es susceptible de ser transformada. Toma en cuenta además, las diferencias por clase, etnia, raza, edad y religión.

El enfoque de género permite visualizar y reconocer la existencia de relaciones de jerarquía y desigualdad entre hombres y mujeres, expresadas en opresión, injusticia, subordinación, discriminación hacia las mujeres en la organización genérica de las sociedades. Esto se concreta en condiciones de vida inferiores de las mujeres en relación con las de los hombres.

Hablar de género significa dejar de creer que los roles sociales y culturales asignados a hombres y mujeres son naturales.

El enfoque de género trata de humanizar la visión del desarrollo. El desarrollo humano debe basarse en la equidad de género.

5. ANALISIS DE GENERO

Es un proceso teórico/práctico que permite analizar diferencialmente entre hombres y mujeres los roles, las responsabilidades, los conocimientos, el acceso, uso y control sobre los recursos, los problemas y las necesidades, prioridades y oportunidades con el propósito de planificar el desarrollo con eficiencia y equidad.

El análisis de genero implica necesariamente estudiar formas de organización y funcionamiento de las sociedades y analizar las relaciones sociales. Estas últimas pueden darse de mujer a mujer, de varón a varón, de varón a mujer y viceversa, el análisis de género enfatiza en estas últimas.

Tal análisis debe describir las estructuras de subordinación existentes entre géneros. El análisis de género no debe limitarse al papel de la mujer, sino que debe cubrir y comparar el papel de la mujer respecto al hombre y viceversa. Las variables a considerar en este aspecto son: división sexual y genérica del trabajo, acceso y control de recursos y beneficios, participación en la toma de decisiones. El análisis de género debe identificar:

- La división laboral entre hombres y mujeres (trabajo productivo y trabajo reproductivo).
- El acceso y control sobre los recursos y beneficios.
- Las necesidades especificas (prácticas y estrátegicas) de hombres y mujeres.
- Las limitaciones y oportunidades.
- La capacidad de organización de hombres y mujeres para promover la igualdad.

6. GENERO Y COMUNIDAD

Comunidad comprende el conjunto heterogéneo de familias formadas y mujeres (ancianos/as, adultos/as, jóvenes y niños/as), donde se establecen ciertas y determinadas relaciones sociales, productivas y culturales, basadas en una diferenciación genérica (femenino y masculino) determinada históricamente.

7. METODO DE ANALISIS DE GENERO EN COMUNIDADES RURALES

Con lenguaje adaptado a las condiciones socioculturales de la comunidad y bajo un método participativo y deductivo de diagnóstico y análisis de genero, se inicia por conocer y reconocer diferencias existentes entre hombres y mujeres, para la planificación participativa con enfoque de género.

Para diseñar un proyecto con enfoque de género:

- Se debe considerar que hombres y mujeres tienen diferentes roles y tienen distintas necesidades. Tomar en cuenta los diversos tipos de unidades domésticas y el triple rol de las mujeres (productivo, reproductivo y de servicio a la comunidad).

- Deben identificarse necesidades practicas y estratégicas de género en busca de equidad social y no sólo económica. También considerarse aspectos tan importantes como etnia y clase siempre desde el enfoque de género.

8. INSTRUMENTOS DE ANALISIS DE GENERO

Existen varios instrumentos para el análisis de género. A continuación se presentan, a manera de ilustración, algunos de ellos:

a) Instrumento presentado en documento UICN:[1]

Consiste en ocho herramientas para la consideración y análisis de las variables que intervienen en las relaciones de género en la comunidad, desde el punto de vista de los procesos de desarrollo. Se trata de las siguientes:

- Entorno socioeconómico
- División del trabajo por género
- Acceso y control de recursos y beneficios
- Factores influyentes
- Condición y posición de género

• Necesidades prácticas e intereses estratégicos

• Niveles de participación

• Potencialidades para la transformación.

b) Esquema de identificación de género (GIF):[2]

El GIF provee un enfoque para el análisis de genero, a seguir por equipos planificando, diseñando o evaluando programas o proyectos. Presenta una "lista de chequeo" detallada de seis factores exploratorios integrales para la identificación de áreas en las que la diferencia de género puede tener un impacto en el éxito de intervenciones de desarrollo. La lista de chequeo, desglosada para hombres y mujeres incluye:

• División del Trabajo: Quién hace qué?

• Fuentes de Ingreso: Quién recibe salarios u otra clase de ingresos?

• Patrones de Gastos: Quién es responsable por qué gastos?

• Disponibilidad de Tiempo en las Temporadas: Quién está disponible para trabajar en actividades del proyecto y cuándo está disponible?

• Toma de Decisiones: Quién toma decisiones por la familia; la comunidad?

• Acceso y Control de los Recursos: Quién acceso y controla los diferentes recursos esenciales?

(Ej. de recursos esenciales: educación, capacitación, información, nuevas tecnologías, acceso a servicios de extensión, acceso a servicios administrativos y gubernamentales, tierra, crédito, capital, garantías, acceso a infraestructura, mercados, transporte.)

De la información determinada por estos seis factores, se pueden extraer conclusiones en relación a las consideraciones necesarias sobre género. Dos factores concluyentes son:

• Limitaciones que afectan en forma diferente al hombre y la mujer.

• Oportunidades tanto para el hombre como para la mujer en un área o sector específico.

c) Marco conceptual y matrices del Análisis de Género.[3]

Parte del principio de que la información necesaria para la planificación la tienen los hombres y las mujeres campesinas. El método utilizado para la colección de la información es el Diagnóstico Rural Rápido. Consiste en ejercicios y herramientas que ayudan al técnico planificador a conocer la realidad campesina, además permite el inicio de una reflexión a nivel comunal sobre diferencias de género. Este es un primer paso para reconocer las desigualdades y la necesidad de romper con ciertos patrones impuestos por la sociedad y la cultura, que obstaculizan y limitan el desarrollo.

(i) Matriz de factores que afectan el desarrollo de la zona (desglosados para hombres y mujeres):

- físico (agricultura, bosque, especies, erosión, clima...)
- social (educación, salud, migración, población,...)
- económico (ingresos, trabajos, tecnología, mercado,…)
- político (poderes, líderes, distribución de beneficios...)

Aquí se analiza para hombres y mujeres:

- Cuáles y qué factores mejoran las condiciones de vida?
- Cuáles y qué factores dificultan las condiciones de vida?
- Cuáles son los problemas más relevantes y las necesidades prácticas y estratégicas?

(ii) Matriz de actividades (mujeres, hombres y ambos: la actividad, el tiempo/época, la ubicación)

(iii) Matriz de recursos naturales (mujeres, hombres y ambos: recursos, qué producto, quién(es) controla(n) el recurso, quién(es) se beneficia(n))

La información de las tres matrices es analizada conjuntamente por el técnico y las personas de la comunidad para elaborar el Plan de Trabajo del Proyecto (qué actividades, con quiénes, distribución de beneficios, qué acción es necesaria para facilitar la participación de hombres, mujeres o ambos).

El proceso descrito ha mostrado ser muy eficiente en el trabajo con grupos separados de hombres y mujeres, porque permite generar espacios para que las mujeres puedan expresarse con mayor amplitud y que sus ideas, así como las de los hombres, sean incorporadas con equidad en el diseño y las actividades del proyecto.

9. NECESIDADES PRACTICAS DE GENERO

Se refiere a las necesidades derivadas de las condiciones materiales de vida de hombres y mujeres en la comunidad.

10. NECESIDADES PRACTICAS DE MUJERES

Son aquellas necesidades que comparten con la familia y se dirigen a modificar la situación o calidad de vida de las mujeres a partir de sus requerimientos inmediatos en un contexto especifico y con frecuencia en relación a su rol reproductivo (acceso al agua, servicios sanitarios, educación, salud, vivienda, etc.); son de corto plazo y su satisfacción no altera los roles y las relaciones tradicionales entre hombres y mujeres. No modifican su posición (estatus) en la sociedad.

11. NECESIDADES ESTRATEGICAS DE GENERO

Son de largo plazo y consisten básicamente en la posibilidad de igualar y hacer equitativa la posición de género de hombres y mujeres en la sociedad.

12. NECESIDADES ESTRATEGICAS DE MUJERES

Las necesidades estratégicas de mujeres, son todas aquellas que tienden a lograr un cambio en la posición o estatus social, ea la división genérica del trabajo y en las relaciones entre los géneros, así como a facilitar su acceso o las oportunidades de empleo, capacitación, tenencia de la tierra y toma de decisiones. Están relacionadas con su posición de desventaja en la sociedad, son de largo plazo y consisten en igualar con equidad la posición de hombres y mujeres en la sociedad.

13. PARTICIPACION

Se refiere al protagonismo de hombres y mujeres mediante el acto voluntario, motivado por el interés y el deseo de hacer presencia, opinar, comentar, sugerir y tomar decisiones, en acciones y procesos que buscan favorecer las condiciones de vida.

Por este proceso hombres y mujeres pueden lograr una verdadera redistribución de oportunidades, que les permita tomar parte en las decisiones de su propio desarrollo, ya no como simples beneficiarios sino como protagonistas.

14. PLANIFICACION PARTICIPATIVA

Comprende el proceso facilitado por personal técnico en el cual hombres y mujeres deciden participar e identifican, plantean, discuten y definen los objetivos, metas, actividades y otros elementos socioculturales y técnicos, a fin de formular y ejecutar proyectos que respondan a sus necesidades y que estén en función de una distribución equitativa de los beneficios.

Es un proceso flexible y dinámico de negociación en el cual sus beneficiarios tienen la posibilidad de intervenir ampliamente en las decisiones para solucionar los problemas priorizados, asegurar que los beneficios que se generen estén ajustados a sus aspiraciones, y que las estrategias para lograrlos estén de acuerdo con sus condiciones sociales, culturales, ambientales, y con los recursos disponibles. Cada actor involucrado tratará de influir en las decisiones, para balancear sus costos (aportes y esfuerzos) contra los beneficios esperados. Este es un proceso de enseñanza - aprendizaje continuo y transformador.

15. GENERO Y DESARROLLO

Es un proceso de mejoramiento ambiental, social, económico, cultural y político con capacidad de satisfacer el conjunto de necesidades reproductivas, productivas, emocionales y creativas de hombres y mujeres en su conjunto.

Se refiere al enfoque de los proyectos o procesos de desarrollo, en el cual se consideran las necesidades prácticas y estratégicas de género, propias de mujeres y hombres. Se reconocen los distintos roles del hombre y de la mujer (productivo, reproductivo y comunitario) y se promueve alcanzar la autonomía económica, social y política con equidad para mujeres y hombres.

Se asume que por la asignación de roles sociales distintos y con desigual valoración, los hombres y las mujeres tienen problemas y necesidades diferentes, que no deben ser homologados al momento de plantear programas de desarrollo. Por tanto, se insiste en la necesidad de considerar los efectos e impactos diferenciales y desiguales por género, de las políticas y estrategias de desarrollo.

16. SOSTENIBILIDAD

Refiere el acceso, uso y manejo adecuado de los recursos naturales, para asegurar la continua satisfacción de las necesidades básicas de hombres y mujeres para las generaciones presentes y futuras (de todo, para todos, todo el tiempo).

Patrón de comportamiento que asegure a cada una de las generaciones futuras, la opción de disfrutar por lo menos del mismo nivel de bienestar de sus antecesores. Se hace énfasis en la equidad intergeneracional del desarrollo.

17. DESARROLLO SOSTENIBLE

Se trata de un modelo de desarrollo centrado en la búsqueda del mejoramiento de la calidad de la vida humana, sin rebasar la capacidad de carga de los ecosistemas de la Tierra, de manera que los beneficios de la naturaleza y la sociedad alcancen no sólo para las presentes generaciones sino para las venideras.

Integración económica de la conservación de los recursos naturales dentro de los procesos de desarrollo, a fin de asegurar la supervivencia del ser humano y de las demás especies. De ahí que se hace impostergable asentar el estilo de desarrollo sobre una base tridimensional: económica, social y ambiental, todas en una interacción dinámica y balanceada, evitando el despilfarro de la riqueza natural.

18. GENERO Y DESARROLLO SOSTENIBLE

Es un proceso de desarrollo que no solamente busca la satisfacción de necesidades básicas, sino también la participación de hombres y mujeres en la construcción de formas de interacción para asegurar la base de los recursos naturales, de tal forma que la población actual no comprometa la capacidad productiva, social y ecológica de las futuras generaciones con el propósito de satisfacer sus propias necesidades actuales.

Implica construir un modelo de vida social caracterizada por relaciones sociales, étnicas y genéricas equitativas y éticas y por un uso sostenible de los recursos de la Tierra, a fin de que los beneficios de la sociedad y la naturaleza alcancen para las presentes y futuras generaciones.

Los enfoques de género y desarrollo sostenible tienen principios claramente coincidentes:

- Están centrados en la condición humana, en las personas.
- Expresan preocupación por los problemas de la desigualdad y el poder en la sociedad.
- Postulan la participación activa y democrática de hombres y mujeres en la sociedad y específicamente en el proceso de desarrollo.
- Buscan mejorar la calidad de la vida humana de hombres y mujeres de las generaciones actuales y futuras.

19. DESARROLLO RURAL SOSTENIBLE Y GENERO

Conjunto de acciones orientadas por una estrategia nacional y políticas diseñadas específicamente para alterar los factores responsables de las inequidades genéricas, sociales, económicas y los desequilibrios espaciales, políticos, sociales, económicos e institucionales que limitan el desarrollo del sector rural y, asimismo, para asegurar la participación efectiva de la población en el proceso y los beneficios del desarrollo.

20. ENFOQUES DE DESARROLLO

Si se mira la historia de los últimos 50 años en Latinoamérica, las mujeres no han sido sujetos del desarrollo en la misma medida en que lo han sido los hombres. De una posición de invisibilidad, las mujeres han ido ganando espacios para conseguir una posición de equidad. Este proceso se ha cumplido a través de cambios en el papel de las mujeres, contando con ellas como población objetivo de los planes, de los programas o de los proyectos de desarrollo, teniendo como resultado los diferentes enfoques que se presentan en el Cuadro No. 1 (Ver anexo)

21. GENERO Y CAMBIO HISTORICO

Las reflexiones sobre género han atravesado distintos estadios. Una revisión a los diferentes cambios facilita la comprensión conceptual de género. Los períodos marcados históricamente se establecen en este esquema por el contenido teórico que se aprecia desde el presente. Es decir, vistos desde principios de los años 90, tienen la identidad como periodo, tanto la coyuntura de la ilustración, como la fase clásica de la teoría feminista contemporánea. Con esa utilidad descriptiva se presenta el Cuadro No.2 (Ver anexo).

22. GENERO EN LA CONSTRUCCION SOCIAL Y CULTURAL

En la mayoría de las sociedades existe una desigualdad en el ejercicio del poder entre hombres y mujeres, en la cual la mujer está marginada. Bajo el enfoque de género, hombres y mujeres deben construir conjuntamente en la sociedad, espacios de entendimiento, participación, acceso y distribución con equidad de los recursos y beneficios.

23. GENERO Y PODER

a) Poder

Como hecho positivo, es la capacidad de decidir sobre la propia vida; como tal, es un hecho que trasciende al individuo y se plasma en los sujetos y en los espacios sociales: ahí se materializa como afirmación, como satisfacción de necesidad y como consecusión de objetivos.

El poder consiste también en la capacidad de decidir sobre la vida del otro, en la intervención con hechos que obligan, circunscriben, prohiben o impiden. Quien ejerce el poder se atribuye el derecho al castigo y a vulnerar bienes materiales y simbólicos. Desde esa posición domina, enjuicia, sentencia y perdona. Al hacerlo acumula y reproduce poder.

Giddens, en su teoría de la estructuración ha distinguido diferentes dimensiones en el concepto de poder:

(i) El poder es constitutivo de toda interacción social.

(ii) El poder es intrínseco en los actores sociales.

(iii) El poder es relacional, envuelve relaciones de dependencia y autonomía.

(iv) El poder limita tanto como permite.

(v) El poder no sólo es dominación sino también resistencia y contrarrespuesta de los dominados.

(vi) El poder es entendido como proceso, en cómo los actores construyen rutinariamente, mantienen y también transforman sus relaciones de poder.

b) Poder interior

Relaciona la fortaleza espiritual y la singularidad que reside en cada uno y que nos hace verdaderamente humanos. Se basa en la autoaceptación y el autorrespeto, que se extiende hacia los demás dando lugar al respeto y la aceptación de los otros, al considerarlos nuestros iguales.

c) Genero y Poder

Relaciones desiguales en el ejercicio y la aplicación del poder, limitan un desarrollo equitativo, entre hombres y mujeres. Esto se evidencia en posiciones de desventaja de las mujeres en relación a los hombres, materializadas por la subordinación, la falta de acceso a los recursos, a la educación, así como vulnerabilidad ante la pobreza y la violencia.

El despliegue del poder es dialéctico y cada cual ejerce su poder al interactuar. Por la condición política en que viven ciertos grupos sociales, particularmente las mujeres, están sometidos(as) al poder en los más diversos ámbitos de sus vidas y en distintos niveles.

Este enfoque teórico podría dar otra luz sobre las relaciones de poder entre los géneros, tomando en cuenta que las mujeres no son solamente víctimas del poder, sino también tienen el esfuerzo o poder "para" luchar por las necesidades y derechos iguales; aunque sea en una forma y un nivel distintos de los hombres. El concepto poder "para" crear relaciones iguales entre hombres y mujeres ha sido un término popular en los programas de desarrollo desde los años ochenta, también conocido como "habilitación para el poder" ó "empoderamiento".

24. GENERO Y REGIMEN JURIDICO

Existen varios instrumentos jurídicos internacionales que protegen la plena vigencia de los derechos humanos para todas las personas, sin distingos de ninguna clase, así como instrumentos específicos que protegen a la mujer. Estos instrumentos reconocen la igualdad de derechos entre mujeres y hombres y el establecimiento de un Estado de Derecho que proteja estos derechos.

En Guatemala, con relación a la situación jurídica de la mujer, no se ha logrado una plena correspondencia entre las normas superiores (Constitución y Tratados Internacionales) y las normas jurídicas ordinarias, fenómeno particularmente notorio en el Derecho Civil.

Adicionalmente la mujer, especialmente rural, carece de un razonable conocimiento de las normas legales que protegen sus derechos y de los recursos existentes para hacerlos valer o para restablecerlos cuando han sido violados.

25. GENERO EN PROYECTOS PRODUCTIVOS

Los objetivos, las metas y actividades están dirigidas a la solución de uno o varios problemas, entendidos como proyectos, de ahí que parten por identificar problemas y necesidades de hombres y mujeres (en un contexto socioeconómico) y ambos analizan el conjunto de relaciones en las que están incorporados en conexión con actividades productivas.

Lo que busca un proyecto de desarrollo con perspectiva de genero, es una distribución más equitativa entre hambres y mujeres productores, del acceso, uso y control de los recursos necesarios para la producción.

La propuesta se dirige a lograr que tanto hombres y mujeres participen del desarrollo productivo y rural lo cual exige que el proyecto sea concebido desde una perspectiva de género.

26. GENERO Y ETNICIDAD

Refiere las relaciones en determinados grupos o conglomerados humanos, que de acuerdo con su cultura y organización social poseen una cosmovisión, una vinculación con los recursos naturales, una vestimenta, modos de producción; practican ritos y ceremonias; formas bajo las cuales manifiestan aspectos propios de la convivencia entre hombres y mujeres.

Por lo general no se incorpora democráticamente la multietnicidad de la sociedad y el Estado, históricamente, no ha sido representativo de esa pluralidad étnica. Por el contrario, todas las etnias están sujetas a dominio nacional y quienes pertenecen a ellas ven problemas extremos de discriminación, de explotación, y situaciones de pobreza y miseria. Las mujeres indígenas comparten la opresión étnica con los hambres de sus grupos, por el solo hecho de ser parte de pueblos tratados como minorías bajo dominación. Sin embargo, la opresión de las mujeres indígenas es diferente de la que viven los hombres indígenas y como en los otros casos, ellas están sujetas además, al dominio genérico de los hombres de las familias de las comunidades a las que pertenecen. En este sentido, las etnias son modificadores que dan una especificidad a la condición de la mujer.

27. GENERO EN FORESTERIA

La forestería con enfoque de género, relaciona a las comunidades con el manejo de los árboles y los bosques como actividad productiva, convirtiéndola en fuente permanente de producción de bienes y servicios para hombres y mujeres, contribuyendo al desarrollo con equidad. El nuevo enfoque de desarrollo forestal involucra cinco dimensiones existentes de relación entre los árboles, mujeres y hombres: la social y de género, la económica, la ambiental, la técnica y la cultural.

La realidad de las comunidades rurales muestra que existe una intima conexión entre las mujeres y los árboles; relación raramente reconocida en los programas de desarrollo hasta años recientes. Asimismo se evidencia el hecho de que la mujer, además de los trabajos vinculados con la reproducción, asume una relación cada vez más directa con los distintos factores de la producción, pues mientras el hombre emigra fuera de la comunidad para, por ejemplo, complementar los ingresos familiares, la mujer se hace cargo de los cultivos, el ganado, las artesanías y los arboles.

28. CONDICION DE GENERO

a) Femenina

Comprende características que social, cultural e históricamente, son impuestas por la sociedad en su conjunto y que son atribuidas a mujeres, las que están llamadas a cumplir con la reproducción biológica y los roles sociales determinados.

Es el conjunto de circunstancias, cualidades y características esenciales que definen a la mujer como ser social y cultural genérico. La mujer es educada para dar todo, para renunciar a lo que quiere en pro del otro.

La condición de género femenina es un conjunto de características históricas que definen en una sociedad determinada lo que es ser una mujer. Más allá de la voluntad de las personas, se trata socialmente, de una condición histórica.

b) Masculina

Comprende características que social, cultural e históricamente, son impuestas por la sociedad en su conjunto y que son atribuidas a hambres, llamados a cumplir con un rol jerárquico y el dominio político y económico determinado. Ser hombre, significa ser para sí. La condición masculina reune una gran cantidad de atributos y además, los más valorados de nuestro mundo.

La condición de género masculina es un conjunto de características que definen en una sociedad determinada lo que es ser un hombre. Más allá de la voluntad de las personas, se trata, socialmente de una condición histórica.

Por su especialización genérica, los hombres han sido los dueños de la palabra que nombra al mundo en la sociedad patriarcal. Desde ese monopolio del saber, han construido concepciones que legitiman y fundamentan los sistemas de valores, las normas, las condiciones de formación del universo y las explicaciones del orden patriarcal.

29. CONSTRUCCION CULTURAL DE LA MASCULINIDAD Y DE LA FEMINIDAD

Aquellas características que corresponden a la feminidad o masculinidad, son aprendidas, adquiridas y modificables. Tenemos una cultura de género y cada quien se educa para ver al otro género sólo de cierta manera.

Es el conjunto de atributos cultural e históricamente determinados que caracterizan y definen la condición genérica (masculina y femenina) de manera contrastada. En nuestra cultura se considera criterio de validez universal que la base de la feminidad es sexual y que toda la experiencia femenina pertenece necesariamente al orden biológico, de la identidad social e histórica que se atribuye al hombre.

30. SITUACION VITAL DE GENERO

Situación vital se refiere al estado material de mujeres y hombres de acuerdo al nivel de satisfacción de las necesidades, como alimentación, salud, educación, acceso a servicios básicos, vivienda, etc.

La situación vital se refleja en todas las estructuras sociales según el enfoque urbano o rural al que se pertenezca. Las nacionalidades, clases, etnias, edades, religiones, ideologías, salud, violencia, arraigo, y otros aspectos definen la situación vital.

31. ORGANIZACION GENERICA

Las diferentes relaciones sociales y culturales en el tiempo, establecen una estructura rígida y desigual que determina la o las ideologías de la misma sociedad, que en su conjunto define posiciones y determina normas y reglas de conducta y aplicación del poder, para grupos que genéricamente se identifican como "masculino" y "femenino".

La organización genérica es una estructura de poderes, jerarquías y valores. La diferencia genérica por si misma no crea distribución desigual de poderes. De hecho, la desigualdad de poderes se basa en la incidencia de los sujetos en el mundo y en la valoración que se hace de ella.

Desde la organización genérica, las necesidades le asignan tareas diferentes al hombre y a la mujer. En la mayoría de las culturas, tanto la mujer como el hombre realizan trabajos productivos (producen bienes y servicios por un salario o por subsistencia), pese a que en la mayoría de las situaciones específicas, el trabajo productivo está claramente dividido en aquel correspondiente al hombre (arar, trabajar con maquinas) y el de la mujer (plantar, desmalezar y enseñar a los niños). Las mujeres son principalmente responsables del trabajo reproductivo (es decir: cocinar, lavar, limpiar, cuidar niños, atender enfermos y mantener condiciones adecuadas en el hogar reproducir y mantener la fuerza laboral). Entre el hombre y la mujer, principalmente el hombre, asumen el trabajo comunitario para mantener y mejorar la comunidad (juzgar conflictos, hacer leyes, intervenir en política, organizar ceremonias y festividades así como trabajar en cuestiones comunitarias).

32. IDENTIDAD DE GENERO

La identidad es una dimensión de las personas, de los grupos sociales. Quien soy yo?. Cada uno de nosotros tiene una identidad y es el contenido de nuestro ser; mi identidad es lo que yo soy.

El concepto de "identidad de género" alude al modo en que el ser hombre o mujer viene prescrito socialmente por la combinación de rol y estatus atribuidos a una persona en función de su sexo y que es internalizado por ella misma. Las entidades y roles atribuidos a uno de los sexos son complementarios e interdependientes con las asignadas al otro sexo. Es así como suelen atribuirse características contrapuestas, como por ejemplo, dependencia en las mujeres e independencia en los hombres.

Conjunto de mecanismos conscientes e inconscientes que cada persona internaliza; formas específicas de pensar, sentir y actuar que definen los roles que desempeñarán a lo largo de su vida.

La identidad se define a partir de elementos que singularizan a los individuos y los hacen específicos, distintos, o por el contrario que los hacen semejantes a otros. En efecto, desde el género, la clase o la religión, hasta un simple elemento corporal como el color del pelo, la piel, un simple lunar o una condición de salud, como seria el caso de una malformación física, pueden ser elementos que organizan la identidad de las personas. Todo lo que caracteriza a los individuos constituye elementos de su identidad.

33. NIVELES DE IDENTIDAD

La identidad presenta dos niveles:

a) identidad asignada, y

b) identidad optada (opción).

a) Identidad Asignada

Es la que prevalece, pues está basada en concepciones aceptadas y/o impuestas por la sociedad; por ejemplo la identidad de clase, de género, de raza, de edad, que la sociedad impone. Ella define a través de sus instituciones, a través de sus concepciones del mundo, qué es ser joven, qué es ser mujer, etc.

b) Identidad Optada

En la identidad optada prevalece la voluntad. Tiene que ver con el crecimiento de la persona, con la posibilidad de modificar su vida, con la posibilidad de darle un sentido nuevo.

34. AUTOIDENTIDAD O AUTOCONCIENCIA

Es la identidad que desarrolla cada una de las personas de si misma, por si misma.

35. JERARQUIA DE LOS GENEROS

Se educa para pensar de manera jerarquizada, basado en que hay un género superior y otro inferior y se piensa de antemano que por sólo el hecho de ser hombre se es superior y por ser mujeres se es inferior, para los hechos que se valoran en la sociedad y en el mundo.

Existen espacios jerarquizados para los hombres y las mujeres diferenciados entre privados y públicos. En los espacios privados ocurre de una manera y en los espacios públicos de otra, pero siempre el lugar de los hombres está en primer plano, independientemente de las cualidades de las personas.

36. DOMINIO ENTRE GENEROS

Se ocupa una posición de inferioridad respecto al varón por el simple hecho de haber nacido hembra. Se ocupan posiciones subalternas por la forma en que la sociedad construye a la mujer.

Los sistemas de género pueder ser comprendidos por su forma de distribución de poderes. En los casos donde el dominio es patriarcal, se establecen relaciones inequitativas entre hombres y mujeres y se asegura el monopolio de poderes de dominio al género masculino. El género femenino queda en sujeción. Por eso los hombres suelen normar a las mujeres, dirigirlas y controlarlas, casi de manera incuestionable. Los hombres construyen las normas y las mujeres deben cumplirlas.

37. DISCRIMINACION DE GENERO

a) Discriminación

Trato desigual. Relación diferenciada de una y otra persona en la sociedad.

La discriminación es toda distinción, exclusión o preferencia que se hace de las personas, basada en motivos de raza, color, sexo, género, religión, opinión política, ascendencia nacional u origen social que tenga por efecto anular o alterar la igualdad de oportunidades o de trato.

b) Discriminación de Género

Se refiere a toda distinción, exclusión o restricción basada en la construcción social y cultural que se hace de cada sexo, que tenga por objeto o resultado menoscabar o anular el reconocimiento, goce o ejercicio por parte de la mujer o del hombre, de los derechos y las libertades fundamentales en las esferas política, económica, social, cultural y civil, o en cualquiera otra esfera.

38. MARGINACION DE GENEROS

Limitación o exclusión que se hace del género femenino o masculino en la ejecución de acciones que puedan contribuir a su desarrollo, beneficio o satisfacción de necesidades.

39. SUBORDINACION

a) Subordinación de Género

Sujeción, sumisión, dependencia que se genera de un sexo hacia el otro, considerado como inferior en cuanto a importancia o posición jerárquica, cultural y/o histórica.

b) Subordinación de la Mujer respecto a Género

Sometimiento de la mujer al control y la dependencia del varón. Pérdida del control de la mujer sobre diversos aspectos de su vida tales como: su sexualidad, su capacidad reproductiva, su capacidad de trabajo.

La subordinación de la mujer se evidencia:

(i) subordinación económica que se manifiesta como trabajo no remunerado, falta de acceso a capital y tecnología, desigualdades en materia salarial, discriminación ocupacional;

(ii) subordinación política que se manifiesta como aislamiento físico en la unidad doméstica, falta de poder económico, estructura familiar dictatorial, bajo grado de participación en organizaciones de masa, falta de representación en instancias políticas, dependencia en órganos políticos;

(iii) subordinación cultural que se experimenta en discriminación educativa, desvalorización de la mujer, trato de la mujer como objeto sexual y unidimensionalidad como madre, limitaciones para el control de la natalidad.

40. BRECHAS DE GENERO

Son las diferencias que exhiben los sexos en cuanto a oportunidades, acceso, control y uso de los recursos que les permiten garantizar su bienestar y desarrollo humano.

Las brechas de género son construidas sobre las diferencias biológicas y son el producto histórico de actitudes y prácticas discriminatorias tanto individuales como sociales e institucionales, que obstaculizan el disfrute y ejercicio equitativo de los derechos ciudadanos por parte de hombres y mujeres.

41. IGUALDAD

a) Igualdad

Conformidad de una cosa con otra, en naturaleza, forma, calidad y cantidad.

La consecución del objetivo de la igualdad es algo más que la mera prohibición o eliminación de las discriminaciones. Para promover la igualdad es preciso hacer un esfuerzo constante y dinámico y aplicar medidas que vayan más allá de la simple prohibición de la discriminación.

b) Igualdad de Oportunidades

Situación en la que hombres y mujeres tienen iguales oportunidades para desarrollar sus capacidades intelectuales, físicas y emocionales y alcanzar las metas que establecen para su vida.

Desarrollar en forma eficiente todos los recursos humanos y productivos, partiendo de una base que garantice la equidad y la calidad de vida de las próximas generaciones creando las condiciones para que todas las personas, sin distinción de sexo, género, clase, edad, religión y etnia, tengan las mismas oportunidades para desarrollar sus capacidades potenciales.

c) Igualdad de Trato

La igualdad de trato presupone el derecho a las mismas condiciones sociales, de seguridad, remuneraciones y condiciones de trabajo, tanto para hombres como para mujeres.

42. DESIGUALDAD EN GENERO

Situación desfavorecida de un género frente al otro en cuanto al acceso y/o control sobre recursos, servicios y beneficios. El acceso a algún factor de producción no implica necesariamente el control sobre los beneficios.

Situación en la cual no se presentan u otorgan iguales oportunidades, recursos, beneficios, derechos o satisfacción de necesidades a hombres y mujeres, quedando en situación de desventaja unos de otros.

En situaciones de desigualdad, la biología ha sido utilizada para fundamentar la inferioridad de la mujer respecto del hombre, o para adscribirle características particulares que la relegan al plano doméstico. La maternidad tiene un papel central dentro de estas concepciones, por sus múltiples implicaciones; por ejemplo: los períodos de pre y postnatal y otros que cumple como madre, que son considerados como limitaciones.

43. EQUIDAD

a) Equidad

Virtud que nos hace dar a cada cual lo que le pertenece.

Respuesta consciente que se dá a una necesidad o situación, de acuerdo a las características o circunstancias propias o específicas de la persona a quien va dirigida la acción, sin discriminación alguna.

Acto de justicia social y económica basado en una noción ética, política y práctica que supera a una acción redistributiva. En este sentido, son inherentes a la equidad el aumento de las capacidades, las habilidades, la redefinición de los derechos de las personas, y el respeto a las diferencias y a la cultura.

b) Equidad de Beneficios

Se refiere al impacto final que tienen los esfuerzos de desarrollo sobre ambos géneros, es decir, equidad de beneficios implica que los resultados sean igualmente accesados y aprovechados tanto por hombres como por mujeres. Se ha visto que la igualdad de oportunidades no necesariamente implica que ambos géneros disfruten de los mismos resultados, por causa de factores estructurales en la sociedad que impiden a ciertos grupos, particularmente a las mujeres, aprovechar plenamente las diversas oportunidades que se les ofrecen.

44. DIFERENCIA ENTRE IGUALDAD Y EQUIDAD

Igualdad es dar las mismas condiciones, trato y oportunidades a mujeres y hombres. La equidad es dar las mismas condiciones, trato y oportunidades a mujeres y hombres, pero ajustados a las especiales características o situaciones (sexo, género, clase, etnia, edad, religión) de los diferentes grupos, de tal manera que se pueda garantizar el acceso.

45. ACCESO A RECURSOS Y OPORTUNIDADES

Con el análisis de género, se busca conocer quienes (hombres y mujeres) tienen acceso y control a los recursos humanos, materiales y naturales, así como a las oportunidades que brinda la sociedad.

Los recursos pueden ser:

- naturales (agua, tierra, bosque)
- económicos ó productivos (crédito, herramientas, ingresos, tecnologías)
- políticos (organizaciones, capacidad de liderazgo)

• sociales (educación, salud, información)

• tiempo (recurso particularmente critico y escaso entre las mujeres) y

• espacio (geográfico e histórico)

Se refiere a que la mujer y el hombre puedan contar con los recursos necesarios para su trabajo, el control que ejercen sobre estos recursos para poder usarlos de acuerdo a sus necesidades prácticas y estratégicas, el acceso a las oportunidades que provienen de la familia y de la sociedad.

46. CONTROL DE RECURSOS

Se refiere a la capacidad, oportunidad y habilidad de definir el uso de los recursos e imponer esta definición otros.

47. DIFERENCIA ENTRE ACCESO Y CONTROL DE RECURSOS

El acceso se refiere la oportunidad de usar algo, en tanto el control consiste en la habilidad de definir su uso e imponer esta definición a otros. En algunas circunstancias las mujeres o los hombres, pueden llegar a tener acceso a los recursos pero pueden no tener control sobre ellos.

48. DIVISION DEL TRABAJO

a) División del Trabajo por Género

Consiste en reconocer y valorizar todo el trabajo realizado en una comunidad, tanto productivo, reproductivo como comunitario, así como identificar quiénes (hombres, mujeres, niñas y niños) lo tienen a su cargo.

Son los diferentes roles de trabajo intelectual y material entre hombres y mujeres, determinados por las leyes, normas y reglas vigentes en una sociedad.

Alude a la atribución diferencial que se hace convencionalmente de capacidades y destrezas a hombres y mujeres y consecuentemente, a la distribución de distintas tareas y responsabilidades en la vida social. Por ejemplo, suele asignarse al hombre el rol de "proveedor" de familia y a la mujer, el de "reproductora", responsable del hogar y la crianza de los hijos.

La división del trabajo por género es específica de cada cultura y época en particular. Puede aún variar de una comunidad a otra. Es flexible y se puede adaptar a las condiciones cambiantes del hogar (enfermedad o ausencia de un miembro clave, cambios en el ingreso económico, o necesidad de dinero), de los recursos naturales, de la influencia de un proyecto de desarrollo local, de los efectos de la educación, y otras causas.

b) División Sexual del Trabajo

Comprende la división del trabajo material basada en diferencias y características físicas y biológicas de hombres y mujeres.

49. TRIPLE ROL

Término usado para referirse a la participación femenina tanto en funciones productivas como reproductivas y de gestión comunal a la vez. Tradicionalmente este término se ha aplicado para visualizar la carga laboral de la mujer por su participación en los tres roles.

Bajo el enfoque de género el termino se refiere al total de las actividades productivas, reproductivas (con excepción de la maternidad, que es inherente a la mujer) y comunitarias, que la mujer y el hombre desempeñan en la sociedad, sea ésta urbana o rural.

a) Actividades Productivas

Abarcan todas las tareas que contribuyen económicamente al hogar y a la comunidad, por ejemplo, cultivos y cría de ganado, fabricación de artesanías, empleo remunerado, transformación de materias primas, la producción de bienes y servicios para el autoconsumo y/o la comercialización.

b) Actividades Reproductivas

Es el conjunto de actividades que comprende el cuidado y el mantenimiento del hogar, incluyendo gestar y dar a luz, criar y educar los hijos, la atención a la salud, la preparación de los alimentos, la recolección de agua y leña, la compra de provisiones, los quehaceres domésticos y el cuidado de la familia. Estas actividades se consideran no económicas, generalmente no tienen una compensación monetaria y por lo general se excluyen de las cuentas nacionales de ingresos.

c) Actividades Comunitarias

Incluyen la organización colectiva de eventos sociales y servicios: ceremonias y celebraciones, actividades para el mejoramiento de la comunidad, participación en grupos y organizaciones, en actividades de la política local y de otra índole. Este tipo de trabajo no es considerado en los análisis económicos de las comunidades. Sin embargo, implica una considerable cantidad de tiempo voluntario y es importante para el desarrollo cultural y espiritual de las comunidades siendo además un vehículo para la organización de la comunidad y su autodeterminación. Tanto el hombre como la mujer se comprometen en este tipo de trabajo, aunque también en esta circunstancia, prevalece la división del trabajo por género.

50. INVISIBILIZACION DE LA MUJER

El trabajo de la mujer es invisible porque sus actividades reproductivas (que requieren de tiempo y esfuerzo) no se valorizan monetariamente, además no suele reconocerse su participación en las actividades productivas o en actividades comunitarias. Contribuye a la invisibilización, la falta de información y estadísticas desglosadas por sexo.

51. FAMILIA

a) Familia Nuclear

Grupo básico integrado en sentido primario, por el hombre, la mujer y sus hijos.

Tradicionalmente constituida por los cónyuges y los hijos/as en la cual hay una clara división genérica del trabajo que en la mayoría de los casos se ha considerado como, el hombre "proveedor" se involucra en el trabajo productivo y la mujer "ama de casa" asume el trabajo reproductivo y doméstico que no es valorizado, mientras que el productivo que ella hace, es invisible porque tampoco le es directamente retribuido en forma monetaria. Se distingue de la familia nuclear moderna, en la cual la mujer desarrolla también un rol productivo remunerado. Particularmente esto se observa en los centros urbanos.

b) Familia Extensa o Extendida

Grupo doméstico que incluye cualquier pariente además del padre, la madre o los hijos. En sentido amplio, también otros parientes se consideran parte de la familia.

Se presenta cuando varias familias nucleares comparten casa o terreno y están emparentadas. Hay gran cantidad de variantes en el mundo, pero generalmente se trata de hermanos casados o de padres con hijos casados compartiendo casa o solar. Este fenómeno social tiene fuertes implicaciones para el análisis de la producción campesina, ya que hay un intercambio continuo de mano de obra, tierra, agua, implementos de trabajo, animales y otros factores productivos entre las familias.

52. HOGAR RURAL

a) Hogar

Hogar es, para efectos del censo, un grupo de personas que, con vínculos familiares o sin ellos, residen habitualmente en una vivienda individual, llevan una vida en común, y sobre todo, elaboran y consumen en común sus propios alimentos. Se incluye en esta definición a la persona que vive sola dentro de una vivienda en donde le preparan o se prepara ella misma su alimentación. Esta última se denomina Hogar Unipersonal.

Existen hogares monoparentales que están a cargo de una sola persona. En nuestra sociedad, por lo general, están integrados por la madre y sus hijas (os). A veces también conviven con ellos los abuelos (as) y otros parientes. Este tipo de familia es muy frecuente en el medio rural.

b) Hogar Rural

Unidad de residencia de una o varias familias en el área rural, ligadas o nó por el parentesco.

53. JEFE-JEFA DE HOGAR[4]

Es aquella persona responsable del sostenimiento económico de la familia y de la toma de decisiones, dentro de la misma.

El rol de "jefe de hogar" ha sido tradicional y legalmente asignado al varón dando como resultado la formación de familias patriarcales, es decir encabezadas por un hombre como sostén principal.

Debido a fenómenos de tipo económico, cultural, social y político, esta situación ha ido modificándose y cada vez se hacen más comunes los hogares en donde la responsabilidad económica recae sobre la mujer como consecuencia de viudez, divorcio, migración temporal o definitiva de los compañeros de hogar en basca de trabajo.

54. PATERNIDAD RESPONSABLE

Es la capacidad de los hombres para engendrar hijos(as) y el compromiso de crearlos(as), brindándoles una vida de atención, mantenimiento, protección, educación, gula y dedicación que se requieren para educarlos como hombres y mujeres.

Se considera que la sociedad ha excluido a los hombres de decisiones y actividades reproductivas tan importantes como la orientación, formación y relación directa de los hijos/as las cuales han sido asignadas sólo a las mujeres.

55. MUJER EN DESARROLLO

Es el proceso de integración de la mujer al desarrollo, por medio de proyectos productivos que aumentan su producción y productividad, su ingreso y su habilidad de atender el hogar haciendo este proceso más eficiente y efectivo.

Este enfoque fué el resultado de que lentamente a nivel mundial, los planificadores de proyectos de desarrollo, reconocieron que la mujer juega un papel esencial y determinante en actividades de desarrollo productivo a la par de actividades reproductivas y de gestión comunal. Como reacción al énfasis dado al hombre como responsable de la familia, por los programas y proyectos de desarrollo, en varios países se formularon y ejecutaron proyectos dirigidos especialmente a mujeres. En la práctica, la mayor parte de los proyectos con enfoque de mujer y desarrollo fracasaron en su intento de mejorar la vida de las mujeres rurales, por no generar espacios de participación al hombre, creando muchas veces conflictos familiares (hombre-mujer). Por estas experiencias negativas para alcanzar la sostenibilidad en el manejo de los recursos naturales renovables, actualmente se están formulando proyectos bajo el enfoque de "género".

56. MUJER COMO AGENTE

a) Agente

Persona que tiene poder para producir efecto.

b) Mujer como Agente

Es la promoción de la mujer como inductora de cambio como planificadora, administradora, organizadora, asesora, miembro de un comité y/o educadora, dentro de los niveles de actividad de programas, proyectos, organizaciones de desarrollo y organizaciones comunitarias.

57. MUJER COMO SUJETO.

Es la mujer como un ser autónomo, protagónico, con capacidades y calidades de realizar acciones concretas por si misma.

Los papeles que la mujer desempeña tienen un valor fundamental en la sociedad y están también sujetos a las transformaciones sociales y culturales.

58. MUJER COMO OBJETO

Papel pasivo donde la mujer puede convertirse en un ser explotado o cautivo del otro, sin considerar su autonomía e integridad.

59. SESGO ANDROCENTRICO

Se utiliza para explicar una manera especifica de conocer la realidad. Una perspectiva androcéntrica es aquella en que la visión de experiencias masculinas adquieren hegemonía al punto de identificarlas como lo humano, relegando de este modo lo femenino a una posición marginal, insignificante o inexistente. Este esquema de pensamiento es muy elemental porque toma la parte como el todo. Forma parte de la base de la cultura occidental.

Dos formas extremas de androcentrismo son la misoginia y la ginopia. La primera consiste en el repudio a lo femenino (solo por el hecho de ser mujer) y la segunda en la imposibilidad de ver lo femenino o invisibilización de la experiencia femenina.

60. MACHISMO

Es la expresión del hombre muy "macho", valiente, agresivo mujeriego, dominante con un sentimiento de superioridad sobre la mujer, a las que sitúan en condición de inferioridad. fundamentalmente por su sexo.

Se puede interpretar el machismo como un fenómeno de orden socio-cultural. porque está en intima relación con:

a) la estructuración de la cultura y

b) las relaciones sociales de producción.

61. FEMINISMO

Doctrina social que concede a la mujer capacidad y derechos reservados hasta ahora a los hombres.

Es un concepto de variadas acepciones, que básicamente aluden a la necesidad de cambiar la condición de subordinación de la mujer, como requisito ineludible para el desarrollo de sus potencialidades.

Movimiento social y político que surge a finales del Siglo XVIII, momento en que las mujeres como grupo colectivo humano toman conciencia de la dominación y explotación de que han sido objeto en la sociedad patriarcal. El feminismo lucha por la igualdad entre varones y mujeres.

62. TEORIA FEMINISTA

Las teorías femenistas parten de que la armonía y la felicidad son más importantes que la producción, el poder y la propiedad, porque consideran que todas las personas son parte de una red humana de la cual todas dependen, de modo que lo que le pase a una persona afecta a la otra. De esta manera, así como la persona oprimida es deshumanizada, la opresora también pierde su pertenencia a la humanidad en el tanto y en el cuánto oprima a otra vida.

63. ESTIMA

a) Autoestima

La autoestima es un juicio personal de mérito que se expresa en actitudes positivas que el individuo mantiene acerca de él mismo. Es una experiencia subjetiva que el individuo comunica a los otros mediante reportes verbales y otras conductas expresivas abiertas.

b) Subestima

Estimar menos de lo debido. Estimar en menos de lo que merece 0 de lo que vale.

Es un factor clave que explica la timidez de las mujeres para iniciar actividades dirigidas a su propio bienestar y desarrollo.

64. SENSIBILIZACION EN GENERO

a) Sensibilización

Proceso de comunicación social, se basa en el manejo de emociones o sensaciones (superficiales y personales) para transmitir un mensaje. Se considera la percepción de las personas de acuerdo a patrones de conducta característica, estereotipos. conductas psicológicas, etc. en forma individual.

b) Sensibilización en Género

Implica un proceso que facilita generar un cambio de actitud en hombres y mujeres, respecto al reconocimiento y aceptación de que los roles son determinados por la historia, la sociedad y la cultura y que pueden ser modificables.

65. CONCIENTIZACION EN GENERO

a) Concientización

Proceso acompañado de la reflexión. Es un proceso de comunicación participativo, en el cual en base a la situación de los participantes o de la comunidad, con experiencias vivenciales y experiencia de campo y de las personas, se retroalimenta la información y se genera una doble vía de la misma. Implica la internalización de la información por las personas por medio de la reflexión.

b) Concientización en Género

Contiene elementos que permiten generar el entendimiento, respecto a que existen diferencias y desigualdades genéricas entre hombres y mujeres, determinadas por la sociedad y la cultura en un tiempo y lugar determinado.

66. METODOLOGIA DE TRABAJO PEDAGOGICO DE GENERO

Se utiliza el enfoque de una pedagogía de género que trata de llegar a la transformación particular de cada persona en este proceso, como se trata en cualquier proceso pedagógico; es la transformación que se encamina a lograr cambios sociales y culturales.

La pedagogía de género, reconoce que hay características diferentes en los hombres y en las mujeres; que son históricas, modificables y su filosofía se encamina a lograr transformaciones en las relaciones entre géneros para construir la democracia y el desarrollo personal y equitativos de las mujeres y de los hombres. Ese es el enfoque filosófico y político de la perspectiva de género.

67. PROTAGONISMO Refiere al liderazgo de personas o grupos.

Consiste en mostrarse como la persona mas calificada y necesaria en determinada actividad, independientemente de que se posean o no méritos que lo justifiquen.

68. INFORMACION DESGLOSADA POR SEXO

Se entiende como desagregar documentación e información sobre hombres y mujeres, relacionada con metas y resultados de un proyecto o actividad específica, a fin de lograr la valorización, transparencia y visibilidad del aporte económico y social de ambos.

3. Vocabulario feminista que ya todos deberíamos dominar en 2017

¿Qué es la sororidad? ¿Vivimos en la cultura de la violación? ¿Qué diferencia hay entre machismo y masculinismo? Resolvemos todas las dudas en este pequeño diccionario.

Si crees en la igualdad entre hombres y mujeres eres feminista. Por obvio que a estas alturas debiera parecer, la equivocación al definir feminismo sigue dando lugar a frases como “creo que no hay que ser feminista ni machista porque los extremos nunca son buenos ni para un lado ni para el otro” (pronunciada por Paula Echevarría) o “olvidémonos de machismo, feminismo y su puta madre” (por Cristina Pedroche). Tal y como recoge la RAE “el feminismo es la ideología que defiende que las mujeres deben tener los mismos derechos que los hombres”. Con esto aclarado, pasamos a definir otros conceptos que suelen utilizarse a propósito del feminismo y que siguen despertando dudas:

Sororidad: A pesar de que el término se lleva usando desde hace más de cuarenta años, si lo tecleas en la edición digital del Diccionario de la Real Academia Española te remitirá a 'sonoridad' tras indicar que la palabra no está registrada. Lo que para algunos aún sigue siendo una especie de errata es en realidad un concepto que acaba con todos esos prejuicios que afirman que las mujeres no pueden ser amigas, que son rivales por naturaleza o que son más crueles entre ellas. En los años 70 la escritora estadounidense Kate Millett acuñó el término *sisterhood* y después las feministas francesas empezaron a utilizar *sororité*. A día de hoy la antropóloga y política mexicana Marcela Lagarde, una de las máximas promotoras del concepto en castellano, lo define como "el apoyo mutuo de las mujeres para lograr el poderío de todas". Es una alianza entre mujeres que propicia la confianza, el reconocimiento recíproco de la autoridad y el apoyo. "Se trata de acordar de manera limitada y puntual algunas cosas con cada vez más mujeres. Sumar y crear vínculos. Asumir que cada una es un eslabón de encuentro con muchas otras", escribe Lagarde.

Cultura de la violación: Según el Ministerio del Interior, una mujer es violada en España cada ocho horas. Y el dato se repite en todo el mundo. Este concepto se refiere a una sociedad que permite y tolera las agresiones sexuales, en la que se culpabiliza a la víctima, se trivializa la violación o se piensa que si el autor es pareja de la víctima no puede considerarse como tal. Una sociedad en la que el deseo masculino parece estar por encima de todo lo demás y en la que solo el 5 % de los juicios por violación acaban en condena a nivel internacional, según el Alto Comisionado de la ONU para los Derechos Humanos (ACDH), que dirige Louise Arbour. Los "eso le pasa por ir borracha y por ser una fresca", los jueces que preguntan "si cerraste bien las piernas" o los policías que cuestionan a las mujeres que denuncian son ejemplos de cómo se perpetúa la cultura de la violación.

Cosificación: "Reducir a la condición de cosa a una persona", reza la RAE en la segunda acepción de cosificar. Suele utilizarse en referencia a la cosificación sexual femenina que no es otra cosa que tratar a las mujeres como objetos, reduciéndolas a sus atributos sexuales y su belleza física sin tener en cuenta su personalidad y existencia como persona. Cuando la publicidad muestra a las mujeres como objetos para el disfrute y placer masculino, las están cosificando. Cuando los programas de televisión contratan despampanantes azafatas que solo posan junto al presentador sin mediar palabra, las están cosificando. Cuando las mujeres aparecen reducidas a pecho y retaguardia sin importar lo que piensan, dicen o sienten, las están cosificando. Este vídeo lo resume muy bien.

'Pussy Hat': El famoso gorro rosa con orejitas se popularizó durante las marchas por los derechos de la mujer que tuvieron lugar en todo el mundo a principios de año. Tal y como explicamos en el artículo *La historia del 'Pussy Hat', el gorro anti Trump que tiñó todo de rosa,* la idea se les ocurrió a Krista Suh y Jayna Zweiman, una guionista de comedia y una arquitecta aficionadas a tejer, que decidieron convertir la marcha de mujeres de Washington en un río de gorros rosas de lana. Su proyecto, bautizado como Pussyhat project, en respuesta al *"grab the from the pussy"* (agarrarlas por el coño) que soltó Trump en las polémicas grabaciones, acabó extendiéndose a nivel global e incluso firmas como Missoni lo subieron a la pasarela.

Micromachismo: Si un hombre suelta que no hace las tareas del hogar porque "no sabe" o porque "las mujeres lo hacen mejor" podríamos hablar de micromachismo. También cuando el camarero sirve la cerveza al hombre si preguntar quién la ha pedido o le pone la cuenta a él. Incluso el *mansplaning* (que explicamos más abajo) suele englobarse en esta categoría. El término fue acuñado por el psicólogo argentino Luis Bonino en 1990 para describir unmachismo "de baja intensidad, suave, cotidiano". Sin embargo, numerosos teóricos, activistas y feministas defienden que el término no es del todo adecuado porque 'micro' minimiza el problema. Diana López Valera, autora de *No es país para coños* lo explicaba así a *S Moda*: "El prefijo 'micro' parece que lo hace más endeble, más pequeñito. Y al final todo es machismo puro y duro. El acoso callejero es machismo; el laboral, también. Hablamos de 'micromachismos' para referirnos a cosas que no son tan graves como una violación, por ejemplo, pero al final las mujeres vivimos empachadas de esos 'micromachismos'".

Empoderamiento: Además de ser una de las búsquedas récord de 2016, el verbo 'empoderar' se ha convertido en palabra clave para ayudar al progreso social en busca de la igualdad entre hombres y mujeres. Tal y como recoge Fundéu, "empoderar es un antiguo verbo español que la vigesimotercera edición del Diccionario académico recoge ya con el nuevo significado con el que se utiliza: 'Hacer poderoso o fuerte a un individuo o grupo social desfavorecido'. Suele utilizarse en referencia a la toma de conciencia del poder que individual y colectivamente ostentan las mujeres y que tiene que ver con la recuperación de su propia dignidad como personas. En la Conferencia Mundial de las Mujeres celebrada en Beijing (Pekín) en 1995 se creó un programa en favor del empoderamiento de la mujer para potenciar el aumento de la participación femenina en los procesos de toma de decisiones y acceso al poder.

Femicidio o feminicidio: Aunque es fácil toparse con los dos términos, la RAE recoge el segundo ('feminicidio') y lo define como "asesinato de una mujer por razón de su sexo". Se trata de un crimen de odio contra mujeres y niñas por el simple hecho de serlo. Diana Russell fue pionera en utilizarlo ('femicide', en inglés) y suele diferenciarse entre feminicidio íntimo (cometido por una persona con la que la víctima tenía o había tenido una relación sentimental) y no íntimo (perpetrado por una persona o un grupo de personas que no ha tenido ninguna relación sentimental ni parentesco con la víctima). La campaña #NiUnaMenos, que se hizo viral hace unos meses, denuncia los crímenes contra mujeres en países como Argentina o México tras los asesinatos, especialmente dramáticos, de Daiana García o Yésica Muñoz.

Masculinismo: "Movimiento que busca la igualdad entre el hombre y la mujer, desde la perspectiva del varón". Los masculinistas se quejan de que el feminismo busca la igualdad desde el punto de vista de la mujer y pretenden alcanzarla defendiendo los derechos y necesidades de los varones así como de los valores y actitudes consideradas como típicamente masculinas. Miguel Lorente, en un artículo en *Huffpost*, hace esta interesante reflexión: "La estrategia actual del machismo es el 'posmachismo', ese intento de revestir de neutralidad sus exigencias y planteamientos para generar la confusión necesaria que lleve a la duda, a la pasividad y a que todo siga igual. Y el 'posmachismo' sabe que la batalla del lenguaje es clave para afianzar posiciones y definir realidades, por eso su interés desde el principio de contrarrestar el feminismo diciendo que era lo mismo que el machismo. Cuando fracasaron en esa burda comparación inventaron la palabra 'hembrismo' y al mismo tiempo la acompañaron de palabras como 'feminazi' y 'mangina' para que la crítica no se quedara en las ideas y llegara a las personas que las proponían [...] Ahora hablan de 'masculinismo', el cual aparece con 'ph neutro' y comparable en sentido al concepto de 'feminismo'. De este modo, aunque sus palabras cargadas de ataques contra la igualdad son las mismas, su imagen es diferente, y se presentan como más proactivas en busca de esa 'igualdad real' que suponga dirigir las mismas acciones para hombres y mujeres y, de ese modo, mantener la desigualdad existente, sin entrar en el significado histórico que ha dado origen a la misma".

Violencia de género VS violencia machista: Es frecuente toparse en los medios de comunicación con expresiones como 'violencia de género', 'violencia machista' o 'violencia doméstica' utilizados casi como sinónimos. El Libro de estilo de *El País* especifica que "no debe escribirse violencia de género, sino violencia machista, violencia sexista o violencia de los hombres, ya que 'género' se refiere a la categoría gramatical de las palabras y no puede sustituir a 'sexo'". En castellano género y sexo son cosas diferentes: las personas, al contrario que las palabras, no tienen género sino sexo, por eso hablar de 'violencia de género' no es del todo correcto. Incluso aunque la aceptemos como buena por la frecuencia de su uso, 'violencia de género' incluiría tanto la violencia ejercida por parte de un hombre hacia una mujer como al revés. Por último, la 'violencia doméstica' engloba también la que se despliega contra los niños.

Mansplaining: Cuando un hombre explica algo a una mujer y lo hace de manera condescendiente porque da por hecho que sabe más que ella podemos hablar de *mansplaning*. Rebecca Solnit lo acuñó en 2008 en su ensayo *Los hombres me explican cosas* (publicado en 2016 en castellano por Capitán Swing) para poner nombre a una situación que había vivido en una fiesta: un hombre intentando aclararle de qué iba un libro que ella misma había escrito. Como explicaba Noelia Ramírez en este artículo, "un ejemplo de *mansplaning* de manual es el tuitero*random* que explicó lo que es la ciencia a una astronauta de la NASA. Es solo uno, pero hay muchísimos más. El *mansplaining* está tan arraigado socialmente que hasta la propia Solnit, una reputada ensayista y escritora con más de dos decenas de libros publicados, se vio a sí misma dudando de su conocimiento y buscando en internet datos sobre el movimiento de mujeres por la paz (sobre el que ella había investigado previamente) sólo porque unas horas antes un hombre la despreció afirmando tajantemente que una de sus teorías era mentira (no lo era)".

Manspreading: Dícese de cuando un pasajero (hombre) abre tanto sus piernas al estar sentado en el autobús o un vagón de transporte público que ocupa el espacio del pasajero sentado a su lado. En castellano podríamos traducirlo como 'despatarre' y hace unos días el término protagonizaba infinitos titulares después de que los autobuses de la Empresa Municipal de Transportes de Madridanunciaran que llevarán pegatinas advirtiendo contra el "despatarre masculino". Desde 2013 distintas cuentas de Tumblr recogen imágenes de estos hombres espatarrados en el transporte público para denunciar su comportamiento y la invasión del espacio personal. Resulta imperdible *One Bro, Two Seats*, un Tumblr dispuesto a ir un paso más allá colocando, Photoshop mediante, cualquier objeto imaginable entre las piernas de los sujetos culpables. El término como tal surgió en 2014 cuando un blog de noticias de Nueva York decidió bautizarlo como *Man Spread*. Su popularidad aumentó tanto que en transportes de todo el mundo podemos encontrar recordatorios contra la postura.

Brecha de género: El Instituto Andaluz de la Mujer la define como la diferencia entre las tasas masculina y femenina en la categoría de una variable y se calcula restando *Tasa Femenina-Tasa Masculina.* Es decir, cuanto menor sea la 'brecha' entre hombres y mujeres más cerca estaremos de la igualdad. Normalmente se habla de la brecha de género salarial (se refiere a las diferencias salariales entre mujeres y hombres, tanto en el desempeño de trabajos iguales como la producida en los trabajos *feminizados*) y brecha de género tecnológica (designa las desigualdades entre mujeres y hombres en la formación y en el uso de las nuevas tecnologías). En resumidas cuentas es la razón por la que una mujer cobra un 18,8% menos que su compañero de trabajo masculino haciendo exactamente lo mismo.

Heteropatriarcado: *Oh, sorpresa,* tampoco está en la RAE. Pero según Fundéu, que sí la recoge, el heteropatriarcado es "el sistema sociopolítico en el que el género masculino y la heterosexualidad tienen supremacía sobre otros géneros y sobre otras orientaciones sexuales". Se trata una evolución del concepto 'patriarcado' que empezó a usarse en los 60 y 70 para referirse a una sociedad en la que además de prevalecer los criterios de los hombres (patriarcado) también marcan la pauta aquellos que solo consideran como "normal" la heterosexualidad. Podemos afirmar que el heteropatriarcado es la manifestación política y visible del machismo y del rechazo a las distintas identidades y orientaciones sexuales. Después de que Alberto Garzón echase la culpa de los crímenes de Orlando al heteropatriarcado en Twitter, las búsquedas en Google del concepto se dispararon.

Androcentrismo: Es la visión del mundo que sitúa al hombre como centro de todas las cosas. El varón ocupa una posición central en la sociedad, la cultura y la historia. El concepto está muy relacionado con el patriarcado así como con la discriminación que existe hacia la mujer. Por ejemplo, cuando en castellano utilizamos palabras en masculino para referirnos tanto a hombres como a mujeres estamos sujetos a una visión androcéntrica que nos hace interpretar lo masculino como universal.

Techo de cristal: Tal y como lo define Mabel Burin en *Una hipótesis de género: el techo de cristal en la carrera laboral* se trata de la limitación velada del ascenso laboral de las mujeres al interior de las organizaciones. Es un obstáculo invisible en la carrera laboral de las mujeres, difícil de traspasar, que les impide llegar a cargos de mayor responsabilidad y liderazgo. Es invisible porque no existen leyes o dispositivos sociales establecidos y oficiales que impongan una limitación explícita en la carrera laboral a las mujeres. El término se acuñó en los 80 en Estados Unidos ("*glass ceiling barriers*") y es el motivo por el que en la mayoría de las empresas los puestos de responsabilidad siguen copados por hombres.

Test de Bechdel: Es un método para evaluar si un guion de película, serie, cómic u otra representación artística cumple con los estándares mínimos para evitar la brecha de género. Se acuñó a raíz del cómic *Unas bollos de cuidado* (*Dykes to Watch Out For* en inglés) y debe su nombre a su autora (Alison Bechdel). La historietista sentó las bases para reconocer el sexismo en la cultura (actualmente se utiliza mucho en el cine) en la tira *The rule (1985)*, donde una mujer le dice a otra que solo va a ver películas que cumplan tres requisitos: tienen que tener un mínimo de dos mujeres, los dos personajes tienen que hablar entre ellas en algún momento de la película y cuando lo hagan, no deben hablar de un hombre. Aplicar la regla a cualquier filme demuestra la preeminencia del discurso masculino y pone de manifiesto que gran parte de los personajes femeninos solo existen para dar la réplica al protagonista.

Feminazi: Popularizada por el conservador Rush Limbaugh en 1992 para criticar al feminismo militante, esta palabra se utiliza en sentido peyorativo para referirse a feministas tachadas de radicales bajo el argumento de que el feminismo no busca la igualdad entre hombres y mujeres. En su libro The *Way Things Ought to Be* (*Cómo deben ser las cosas*), Limbaugh compara a las feministas a favor del aborto con los nazis, refiriéndose a él como un "holocausto moderno". A día de hoy es un insulto frecuente en boca de quienes pretenden desprestigiar el feminismo y muchas mujeres que luchan por los derechos femeninos son tildadas de 'feminazis'.

Hembrismo: Este neologismo se utiliza en castellano para definir "el machismo al revés", o sea, considerar que las mujeres son superiores a los hombres. Suele equipararse a la misandria (odio a los hombres). Pero la realidad es que no existen organizaciones hembristas ni un movimiento hembrista. Por lo tanto, es una palabra utilizada por aquellos a los que el feminismo le incomoda para desprestigiarlo.

Sexismo: La RAE lo define como "discriminación de las personas por razón de sexo". Aunque el término se utiliza para referirse a la discriminación de ambos sexos lo cierto es que las prácticas sexistas afectan principalmente a las mujeres dada la vigencia de creencias culturales que las consideran inferiores o desiguales a los hombres por naturaleza. Por ejemplo, aquellos que piensan que las mujeres tienen menos capacidad para tomar decisiones u ocupar puestos de liderazgo están siendo sexistas. También lo es la actitud de imponer una noción de masculinidad (género) a los hombres (sexo) y una noción de feminidad (género) a las mujeres (sexo).

Machismo: "Actitud de prepotencia de los varones respecto de las mujeres", simplifica la Real Academia. Lo cierto es que el machismo presupone que las mujeres son seres inferiores a los hombres por naturaleza. También podríamos decir que es un conjunto de creencias, prácticas sociales, conductas y actitudes que promueven la negación de la mujer como sujeto en ámbitos diversos. Los ámbitos en los que se margina al género femenino pueden variar (económico, familiar, sexual, legislativo...) y en algunas culturas, se dan todas las formas de marginación al mismo tiempo. Ciertas voces señalan que el feminismo no es necesario porque ya no vivimos en una sociedad machista. Aunque se han producido grandes avances en términos de igualdad, vivimos un falso espejismo. El machismo es la razón por la que las mujeres no llegan a puestos de responsabilidad o por la que no cobran lo mismo que sus compañeros. También es el motivo por el que las mujeres son maltratadas y asesinadas. Porque el machismo mata.

Misoginia: Es el odio o la aversión hacia las mujeres o niñas. Aunque su manifestación más evidente es la violencia machista (ya sea física, psicológica o simbólica) también la denigración, discriminación, marginación o cosificación sexual de la mujer son formas de misoginia.

Artículo actualizado el 10 julio, 2017 | 18:52 h

Apéndice 3 Cf. A. APARISI MIRALLES,*Modelos de la relación sexo género. De la ideologia de género al modelo de la complementariedad* en http://www.laici.va/content/dam/laici/documenti/donna/filosofia/espanol/Modelos%20de%20relacion%20sexo-genero%20Aparisi.pdf

Apéndice 4. Cf. *Género, de las falacias a la ideología* en https://www.forofamilia.org/documentos/FAMILIA%20-%20G%C3%A9nero%20de%20las%20falacias%20a%20la%20ideolog%C3%ADas.pdf

Ápéndice 5 Cf. ENRIQUE BURGUETE MIGUEL, "Revisión crítica de la ideología de fénero a la luz del realismo metafísico" en *Cuadernos de Bioética* 2018; 29(95): 25-37

Apéndice 6. Cf., ROBERT SARAH1 (Prefecto de la Congregación para el Culto Divino y la Disciplina de los Sacramentos) „La familia frente a la ideología de género",en *Ecclesia*, *XXXI*, n. 3-4, 2017 - pp. 271-288

Bibliografía

C. AMORÓS, *Hacia una crítica de la razón-patriarcal,* Anthropos, Madrid 1986. R. BRAIDOTTI, *Sujetos nómades*, Paidós, Buenos Aires, 2000.

T. DE BARBIERI, "Sobre la categoría de género. Una introducción teórica-metodológica" en *ISIS Internacional* N° 17, Santiago de Chile 1992.

E. GOMARIZ, "Los estudios de género y sus fuentes epistemológicas. Periodización y perspectivas", *en ISIS Internacional* N° 17, Santiago de Chile 1992.

M. LAMAS (comp.), *La construcción cultural de la diferencia sexual,* PUEG.México1996,

M. LAMAS, "Género, diferencia de sexo y diferencia sexual" en *¿Género?, Debate Feminista*, Año 10, Vol. 20, México 1999, edición de octubre.

J. W. SCOTT, "El género: una categoría útil para el análisis histórico", en J. AMELANG Y MARY NASH (comp.), *Historia y género: las mujeres en la Europa moderna y contemporánea,* Ed. Alfons el Magnanim, Barcelona 1990.

CARCEDO, ANA Y MONTSERRAT SAGOT, *Femicidio en Costa Rica, 1990–1999*, Instituto Nacional de las Mujeres, San José de Costa Rica 2002.

DOMINGO, CHRIS, "Femicide: an interview with Diana E.H. Russell", en Off Our Backs, vol. 22, No. 7, Washington DC 1992.

KELLY, LIZ, *Surviving sexual violence.* Polity Press, Inglaterra 1988.

ARISTIDE FUMAGALLI, *La questionde gender. Una sfida antropologica*, Queriniana, Brescia 2015,108págs

JUSTO AZNAR cor. *Transexualidad. Valoración pluridisciplinar del fenómeno y su rwgulación legal,* UCV,2017.

GABRIEL KUBY, *Lad revolución sexual global. La destrucción de la libertad en nombre de la libertad*, Didaskalos, Madrid 2017,2ªed.

ALICIA RUBIO, *Cuando nos prohibieron ser mujeres… y nos persiguieron por ser hombres. Para entender la ideología de género*, Alicia R. Calle, Madrid 2016.

ENRIQUE BURGUETE MIGUEL, "Revisión crítica de la ideología de fénero a la luz del realismo metafísico" en *Cuadernos de Bioética* 2018; 29(95): 25-37

EUGENIO ALBUNQUERQUE, **www.youtube.com/watch?v=jPNk0QOhna0**

LUIS PIFARRÉ, http://arvo.net/uploads/file/PIFARRE/Ideologiadegenero01.pdf

Printed by Books on Demand GmbH, Norderstedt / Germany